준비된 자만이
기회를 잡는다

준비된 자만이
기회를 잡는다

ⓒ 김재환, 2025

초판 1쇄 발행 2025년 8월 18일

지은이	김재환
펴낸이	이기봉
편집	좋은땅 편집팀
펴낸곳	도서출판 좋은땅
주소	서울특별시 마포구 양화로12길 26 지월드빌딩 (서교동 395-7)
전화	02)374-8616~7
팩스	02)374-8614
이메일	gworldbook@naver.com
홈페이지	www.g-world.co.kr

ISBN 979-11-388-4628-8 (03320)

- 가격은 뒤표지에 있습니다.
- 이 책은 저작권법에 의하여 보호를 받는 저작물이므로 무단 전재와 복제를 금합니다.
- 파본은 구입하신 서점에서 교환해 드립니다.

B2B Business

준비된 자만이 기회를 잡는다

김재환 지음

이 책이 지금 이 순간을 살아가는 누군가에게 작은 응원이 되기를 바랍니다.
그리고 또 다른 시작을 준비하는 이들에게,
늦은 시작도 충분히 아름다울 수 있음을 전하고 싶습니다.

좋은땅

머리말

B2B 영업, 사람과 신뢰에서 시작됩니다

B2B 영업은 단순한 거래를 넘어선 사람과 사람 사이의 신뢰 구축에서 출발합니다. 하지만 이 단순한 진리를 깨닫기까지 저 역시 수많은 시행착

오와 고민을 거쳐야 했습니다.

이 책은 제가 지난 40년간 과학기기 분야에서 몸담으며 겪은 수많은 경험과, 작은 성공의 축적들을 나누기 위한 마음에서 시작되었습니다. 처음부터 큰 그림을 그리며 시작한 것은 아니었습니다. 그저 눈앞의 고객, 눈앞의 문제에 최선을 다하다 보니, 어느덧 제가 밟아 온 길이 누군가에게는 도움이 될 수 있겠다는 확신을 가지게 되었습니다.

저는 1985년 1월, 동일교역 과학기기부의 서비스 엔지니어로 첫걸음을 내디뎠습니다. 일본에서 수입한 전자현미경의 설치, 유지보수를 담당하며 기초적인 현장 경험을 쌓았습니다. 이후 프랑스 장비업체에서 EPMA 및 SIMS 장비를 다루며 장비에 대한 기술적 이해와 고객 대응 노하우를 키웠고, 1998년 IMF 경제 위기 속에서 스스로의 길을 개척하고자 창업에 도전하였습니다.

창업 초기에 제가 할 수 있었던 일은, 기존에 알고 지내던 고객에게 전자현미경 관련 소모품을 공급하는 것이 전부였습니다. 작은 거래 하나에도 감사하며 신뢰를 쌓아 가던 중, 기회는 뜻밖에 찾아왔습니다. 미국과 영국의 소형 장비(Sputter Coater) 회사들과의 인연, 그리고 체코의 전자현미경 제조사와의 파트너십을 통해 본격적으로 메인 장비를 수입·판매할 수 있게 되었습니다.

무명의 작은 회사에서 시작해 유럽과 미국, 아시아를 오가며 제품을 들여오고, 국내 고객들과의 긴밀한 관계를 통해 사업을 성장시킬 수 있었던 것은 결국 사람의 힘이었습니다. 기술보다 앞서는 신뢰, 가격보다 소중한 관계, 속도보다 중요한 꾸준함이 제가 B2B 영업에서 배운 가장 큰 가치입니다.

이 책은 화려한 성공담을 자랑하기 위한 것이 아닙니다. 오히려 평범한 현장에서 끊임없이 부딪히며 얻은 실제적인 경험과 진짜 고객 대응 방법을 공유하고자 합니다. 특히 이제 막 B2B 영업을 시작하는 분들, 기존 방식에 의문을 품고 변화의 돌파구를 찾고 있는 분들에게 이 책이 실질적인 가이드가 되기를 바랍니다.

누구에게나 시작은 어렵습니다. 하지만 그 첫걸음을 어떻게 디디는가에 따라 향후의 길은 완전히 달라질 수 있습니다. 저의 작은 경험이 여러분의 B2B 여정에 조금이나마 도움이 되기를 진심으로 바랍니다.

차례

머리말: B2B 영업, 사람과 신뢰에서 시작됩니다 ⋯⋯⋯⋯⋯⋯⋯ 5

준비된 자만이 기회를 잡는다: B2B 영업에서의 교훈　13

기회는 준비된 자에게만 온다 ⋯⋯⋯⋯⋯⋯⋯⋯⋯⋯⋯⋯⋯⋯ 15
영업은 회사의 꽃이다 ⋯⋯⋯⋯⋯⋯⋯⋯⋯⋯⋯⋯⋯⋯⋯⋯⋯ 15
회사 내 가장 역동적인 조직, 영업 ⋯⋯⋯⋯⋯⋯⋯⋯⋯⋯⋯⋯ 16
자긍심을 갖고 임하라 ⋯⋯⋯⋯⋯⋯⋯⋯⋯⋯⋯⋯⋯⋯⋯⋯⋯ 17
전자현미경 시장 개척 전략 ⋯⋯⋯⋯⋯⋯⋯⋯⋯⋯⋯⋯⋯⋯⋯ 18
시장 개척 전략: 경쟁을 피하고 입지를 다지다 ⋯⋯⋯⋯⋯⋯⋯ 19
경쟁사의 견제와 대응 전략 ⋯⋯⋯⋯⋯⋯⋯⋯⋯⋯⋯⋯⋯⋯⋯ 20
결론: 강한 경쟁자와의 차별화 전략 ⋯⋯⋯⋯⋯⋯⋯⋯⋯⋯⋯ 21

B2B 영업이란?　23

B2B 영업의 주요 특징 ⋯⋯⋯⋯⋯⋯⋯⋯⋯⋯⋯⋯⋯⋯⋯⋯⋯ 24
B2B 영업 프로세스 ⋯⋯⋯⋯⋯⋯⋯⋯⋯⋯⋯⋯⋯⋯⋯⋯⋯⋯ 26
B2B 영업에서 성공하기 위한 핵심 전략 ⋯⋯⋯⋯⋯⋯⋯⋯⋯ 27

B2B 영업에서 자신감 있는 장비 설명의 중요성　29

자신감 있는 설명이 신뢰를 만든다 ⋯⋯⋯⋯⋯⋯⋯⋯⋯⋯⋯⋯ 30
고객의 질문을 이해하고 적극적으로 대응하라 ⋯⋯⋯⋯⋯⋯⋯ 31

철저한 학습이 곧 경쟁력이다 · 33
경쟁사 장비도 철저히 공부하라 · 35
경쟁사 제품과 비교 설명 시 주의할 점 · 36

일만 시간의 법칙과 영업 성공 39

초보 영업사원은 어떻게 훈련을 시작해야 할까? · 40
효과적인 B2B 영업의 첫걸음 · 41
훈련의 성과는 어떻게 측정할 수 있을까? · 45
꾸준한 훈련이 만드는 영업 전문가 · 46
첫인상의 중요성 · 48
전달력의 중요성 · 49
효과적인 커뮤니케이션을 위한 기본 접근 · 52
전달력을 높이는 목소리와 비언어적 표현의 중요성 · 54
실전에서의 활용 전략 · 56
효과적인 전달력이 주는 이점 · 58

영업에서의 경청 61

영업에서의 경청의 중요성 · 62
경청을 잘하는 영업사원의 특징 · 63
지각: 보는 것은 눈이 아니라 마음이다 · 69

마음으로 본다는 것의 실천 ··· 70
고객을 이해할 때 계약은 따라온다 ······························· 73
중요한 장점을 3~5가지로 집중 설명하기 ······················· 75

B2B 영업에서 차별화 전략　　　　　　　　　　　79

고객의 입장에서 생각하는 B2B 영업 전략 ····················· 82
고객은 왜 장비를 구매하는가? ····································· 86
자사 제품을 기존 장비 대신 판매하려면? ······················· 87
B2B 영업에서 경쟁사의 전략 이해와 대응 방안 ··············· 89
효과적인 비교표 작성 가이드 ······································· 91
포기하지 마라: 지속적인 방문과 관계 형성의 중요성 ········ 93
B2B 영업에서 장비 판매와 지속적인 고객 관리 전략 ········ 94
Key Man을 찾아 비즈니스를 진행하라 ·························· 97

정부출연연구소의 제품 검토 및 도입 프로세스 이해　103

대학교 공동실험실습관의 제품 선정 방식과 효과적인 영업 전략 ········ 105
불만 고객의 말을 경청하라 ··· 109
습관이란 무엇인가? ··· 111
고객의 습관을 끊어라 ·· 113
충성고객을 확보하라 ··· 116
마케팅 전략 ·· 119
타겟팅(Targeting)과 B2B 타겟팅 영업의 중요성 ············ 132

고객을 리딩하라: 질문에 끌려가지 말고, 자사 제품의 가치를 각인시켜라 135

이럴 땐 따라가지 말고, 리딩하라 …………………………… 136
처음 만난 고객에게도 적용되는 리딩 영업 전략 …………………… 138
리딩 사례: Ga FIB 중심 시장에서 Xe Plasma FIB로의 시장 전환 및 확장 142
고객이 스스로 제품을 찾게 하라: 찾아오게 만드는 브랜드 전략 ……… 143

영업 목표 설정의 전략: 20% 상향 조정의 원칙 147

왜 신규 고객 확보가 중요한가 …………………………… 151
지속 가능한 영업을 위한 관계 구축 ………………………… 153
영업은 과학적인 고객관리 프로그램으로 하라(CRM) ……………… 158
CRM을 활용한 과학적 영업 관리: Project Management 방식의 접근 … 161
목표는 구체적으로 세워라 - SMART 원칙 …………………… 165
목표를 달성하는 영업사원으로 거듭나는 방법 ………………… 168
Give and Take: 영업 현장에서의 전략적 교환 ………………… 171
고객을 이기려 하지 마라: 영업 관계에서의 대화 전략 ……………… 173

영업 활동은 고객과 얼굴을 마주하라 177

고객을 만나야 진짜 니즈(Needs)가 보인다 …………………… 178
관계 형성과 신뢰는 만남에서 시작된다 ……………………… 179
매일 한 명 이상의 고객을 만나야 하는 이유 …………………… 180
타이밍(Timing): 영업 성공의 결정적 순간을 포착하라 ……………… 183
영업 성공률을 위한 Timing의 속도와 적시성 ………………… 186
고객과의 만남, 그 30분의 중요성 …………………………… 190

영업사원, 자신만의 하나 정도의 매력을 창출하라　　195

고객을 자신의 파트너로 만들어라 　　198
고객이 또 다른 영업사원이 되는 순간 　　199
고객을 코칭으로 모셔라 　　200
긍정적인 영업사원의 자세란 　　202
세미나란 무엇인가 　　205
가치 기반 영업과 효과적인 가격 협상 전략 　　208
고객 방문 전 사전 정보 조사와 신뢰 형성 전략 　　213
Back-up 가망고객 리스트의 중요성 　　217
B2B 마케팅에서의 고객 가치(Customer Value) 　　219
Solution Sales와 고객 가치 중심의 영업 전략 　　222
신뢰는 팀웍에서 시작된다 　　225
예산 확인의 중요성: 고객 예산 내에서의 전략적 제안 　　228
제품 마진율과 가치 영업: 진정한 Win-Win을 위한 영업의 자세 　　230
기술 시장의 흐름 파악과 선제적 영업 전략 　　233

영업이란 무엇인가?　　239

에필로그: 아직 끝나지 않은 여정 　　243

준비된 자만이 기회를 잡는다: B2B 영업에서의 교훈

나는 1985년 동일교역에 입사하여 JEOL 전자현미경 엔지니어로 업무를 시작하였다. 당시 내 부서장은 나와 같은 고등학교를 나온 선배였는데, 그분이 해 준 조언 하나가 내 인생을 바꾸는 계기가 되었다. 그는 일본어보다 영어를 배우는 것이 훗날 전 세계를 무대로 더 넓은 활동을 할 수 있는 길이라고 말을 하였다. 그 조언을 받아들여 스스로 영어 공부를 시작을 했고. 이 선택이 후에 내 사업을 확장하는 데 중요한 역할을 하게 되었다.

1998년, IMF 경제 위기 속에서 나는 회사를 그만두고 창업의 길로 들어섰다. 처음에는 전자현미경 관련 소모품을 고객들에게 판매하는 사업을 시작하였다. 이 과정에서 저는 중요한 사실을 깨달았는데. 고객들은 동일한 조건이라면 내가 판매하는 제품을 선택하는 경우가 많았다. 이는 과거 회사에서 일할 때부터 쌓아 온 고객과의 신뢰 덕분이었다. 나는 평소 주변 사람들과 좋은 관계를 유지하는 것이 얼마나 중요한지를 다시 한번 실감했다. 결국, 창업 후에도 좋은 관계를 유지했던 고객들이 내게 많은 도움을 주었고, 이는 사업을 안정적으로 성장시키는 기반이 되었다.

사업을 운영하면서 나는 더 큰 가능성을 찾아야겠다고 결심했다. 그래서 미국, 영국, 체코 등의 기업들과 접촉하며 국내 판매 대리점 계약을 성사시키는 데 집중했다. 여기에서 나의 작은 실력의 영어 능력이 큰 도움이 되었다. 만약 당시 영어를 배우지 않았다면 해외 기업들과 원활한 소통이 어려웠을 것이고, 대리점 계약을 따내는 것도 쉽지 않았을 것이다.

나는 이러한 경험을 통해 한 가지 중요한 교훈을 얻었다.

▶ 기회는 준비된 자에게만 온다

성공하고자 하는 목표가 있다면, 반드시 그에 맞는 **철저한 준비**가 필요하다.

만약 내가 부서장의 조언을 흘러듣고 영어 공부를 소홀히 했다면, 글로벌 시장으로의 확장은 꿈도 꾸지 못했을 것이다.

아마 여러분도 비슷한 경험이 있거나, 누군가로부터 비슷한 이야기를 들은 적이 있을 것이다. 결국, 자신이 열망하는 목표가 있다면, 그에 걸맞은 준비를 해야 한다. 그러면 어느 순간, 기회는 자연스럽게 다가오고, 그동안의 노력이 좋은 결과로 보답받게 된다.

마찬가지로, B2B 영업에서도 목표를 이루기 위해서는 사전에 충분한 준비가 필요하다. 고객과의 신뢰를 쌓고, 시장을 분석하며, 필요한 역량을 갖추는 것이야말로 성공의 핵심이다.

B2B 영업은 단순히 제품을 판매하는 것이 아니다. 고객과의 신뢰를 바탕으로 장기적인 관계를 구축하는 것이 중요하다. 이는 한순간에 이루어지는 것이 아니라, 평소의 준비와 노력이 쌓여야 가능한 일이다. 성공적인 영업은 철저한 준비에서 시작된다. 그리고 그 준비가 되어 있을 때, 기회가 왔을 때 놓치지 않고 잡을 수 있다.

▶ 영업은 회사의 꽃이다

회사의 모든 활동은 결국 제품이나 서비스를 고객에게 제공하고, 그 대가로 수익을 창출하는 데 목적이 있다. 아무리 기술이 뛰어나고 제품이 우수하더라도, 시장에 팔리지 않는다면 그 가치는 현실에서 구현되지 않는다. 결국 제품이 고객에게 전달되어야만 회사는 이윤을 얻고, 그 이윤으로 다시 기술 개발에 투자하고, 임직원에게 급여와 보너스를 지급할 수 있다. 이러한 선순환 구조의 중심에 바로 영업이 있다.

어떤 경우에는 제품의 품질이 완벽하지 않아도, 영업사원의 역량에 따라 시장에서 좋은 반응을 이끌어 내는 경우가 있다. 고객과의 신뢰를 바탕으로 한 커뮤니케이션, 니즈에 대한 정확한 이해, 그리고 문제 해결 능력은 고객의 마음을 움직이게 하고, 이는 곧 매출로 이어진다. 좋은 영업 성과는 회사의 수익성을 높이고, 이는 조직 전체의 안정과 성장에 결정적인 역할을 하게 된다.

▶ 회사 내 가장 역동적인 조직, 영업

이러한 이유로 영업 부서는 기업 내에서 가장 중요한 부서 중 하나로 인정받는다. 실적이 눈에 보이는 만큼 평가가 명확하며, 능력 있는 영업사원은 빠르게 인정받고 승진의 기회도 많다. 특히 매출에 직접적인 기여를 하기 때문에 임원으로의 승진에도 유리한 위치에 있다. 영업은 단순히 물건을 파는 일이 아니라, 회사의 미래를 여는 일이기도 하다.

게다가 영업을 통해 자연스럽게 사람에 대한 이해가 깊어진다. 다양한 배경과 니즈를 가진 고객들과 소통하다 보면 경청하는 힘, 관찰력, 공감력 등이 길러진다. 이는 단지 업무에만 국한되지 않고, 모든 사회적 관계에서도 유용하게 작용한다. 인간관계의 폭이 넓어지고, 더 유연한 사고와 행동이 가능해지며, 이는 인생 전반의 큰 자산이 된다.

▶ 자긍심을 갖고 임하라

영업은 결코 쉬운 일이 아니다. 때로는 거절당하고, 오해받고, 결과가 빨리 나오지 않아 좌절할 수도 있다. 그러나 그만큼 도전의 가치가 크고, 보람도 크다.

영업은 단순히 물건을 파는 것이 아니라, 고객의 니즈를 발견하고 해결책을 제시하는 가치 창출의 최전선이다. 당신은 고객과 회사를 잇는 다리이자, 제품과 시장을 연결하는 전략적 허브이며, 회사의 성장을 견인하는 핵심 동력이다. 이처럼 중요한 역할을 수행하고 있다는 사실에 자긍심을 가져야 한다.

영업을 통해 우리는 고객의 문제를 해결하고, 변화를 이끌며, 세상과 소통하는 법을 배운다. 다양한 사람과의 만남 속에서 인간에 대한 깊은 통찰력을 키우고, 수많은 변수 속에서도 해답을 찾아내는 능력을 갖추게 된다. 이는 어떤 직무에서도 쉽게 얻을 수 없는 귀중한 자산이다.

영업은 단순한 직업이 아니다. 사람을 이해하고, 세상을 읽어 내며, 변화를 이끄는 힘을 가진 전문가의 길이다. 영업을 선택한 당신은 이미 조직의 중심에서 중요한 역할을 수행하고 있으며, 스스로 그 가치를 증명해 나갈 충분한 역량과 잠재력을 지닌 사람이다.

자신의 일에 자부심을 가지고, 매 순간 진심을 다한다면 영업은 당신을 누구보다 크게 성장시키는 삶의 무대가 될 것이다.

▶ 전자현미경 시장 개척 전략

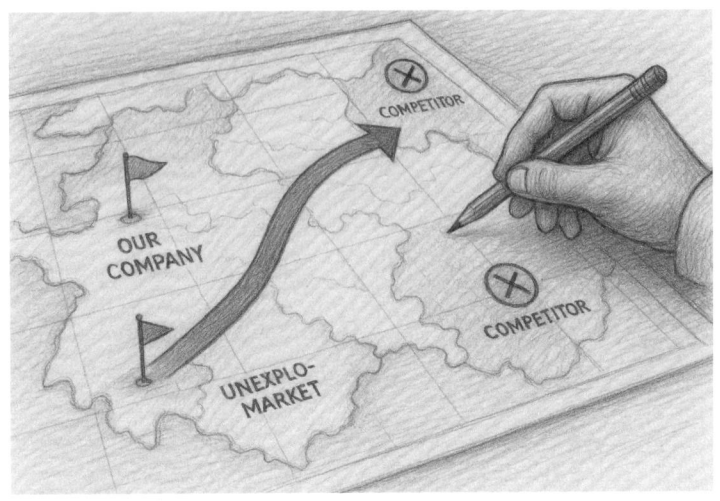

전자현미경 영업의 시작

저는 2002년, 체코 테스칸 본사와 협력하여 국내 전자현미경 영업 대리점권을 획득하며 사업을 시작하게 되었다. 그러나 당시 체코에서 전자현미경을 생산한다는 정보는 국내에서 전혀 알려지지 않은 상태였고, 시장에는 이미 일본(2곳), 미국(1곳), 독일(1곳)의 강력한 경쟁사들이 자리 잡고 있었다. 이들은 1960년대 후반부터 한국 시장에 진입하여 정부 출연 연구소, 대학교 공동실험실습관, 기업체 등에 장비를 공급하며 이미 성능을 검증받고 있었다.

반면, 테스칸 장비는 국내에서 전혀 검증되지 않았으며, 초창기 장비의 가격도 1억~3억 원대로 높은 편이었다. 따라서 기존 고객과의 관계가 부족한 상태에서 직접적인 경쟁을 시도하는 것은 무모한 일이었다. 이에 나는 강한 경쟁자를 피하면서 시장을 개척하는 전략을 고민하기 시작했다.

▶ 시장 개척 전략: 경쟁을 피하고 입지를 다지다

나는 초기 전략으로 경쟁이 치열한 중앙 시장을 피하고, 내가 충분한 영향력을 가질 때까지 경쟁사와의 직접적인 대결을 미루기로 결정했다. 이에 따라 국내에서 테스칸 전자현미경을 처음으로 설치하는 전략을 수립했다.

운 좋게도, 한 국내 대학에서 일본산 전자현미경을 15년간 사용을 하고 있던 중, 장비 도입을 위해 적극적으로 일본산 장비 검토를 진행하였으나, 예산 부족으로 구매를 포기하려는 상황이라는 정보를 입수했다. 나는 이 기회를 활용하여 해당 학과에 장비 데모(Demo) 조건으로 판매하는 전략을 제안했다. 즉, 국내에서 나의 잠재 고객분들에게 장비를 실험적으로 사용하여 장비의 성능을 파악할 수 있는 기회를 제공하는 것이었다.

이 전략은 성공적이어서, 해당 대학에 장비를 설치한 후, 다른 연구자나 기업들이 직접 성능을 확인할 수 있도록 데모 환경을 마련할 수 있었다. 덕분에 경쟁사들이 관심을 덜 갖고 있는 고객들에게 먼저 장비를 소개하면서, 판매를 할 수 있었고, 점차 고객들의 신뢰를 얻어 판매를 확대할 수 있었다.

그 결과, 2002년에는(대리점권 체결한 년도) 한 해 동안 6대를 판매했고 (당시 국내 판매 가능한 130여 대 정도, 반도체회사 제외), 이후 10대, 15대씩 꾸준히 판매가 늘어나며 시장에서 점점 입지를 다져 갈 수 있었다.

▶ 경쟁사의 견제와 대응 전략

테스칸 장비가 국내에서 자리를 잡아가자, 경쟁사들은 처음에는 신경도 쓰지 않았다가 점차 견제를 하기 시작했다. 특히, 체코의 작은 기업이라는 점을 부각하며 여러 부정적인 소문을 퍼뜨렸다. 예를 들면:

- 체코의 작은 기업이 망하면 어떻게 할 것인가?
- 테스칸 장비를 도입한 담당자는 나중에 회사로부터 책임을 물을 것이다.

이러한 부정적인 정보는 고객들에게 부담을 주었고, 경쟁사 장비와 테스칸 장비를 비교하는 과정에서 신중한 결정을 하도록 만들었다.

나는 이러한 소문에 대해 정면으로 반박하는 대신, 고객이 가진 불안을 공감하며 설득하는 방식을 선택했다.

"네, 회사가 문을 닫을 가능성도 있을 수 있습니다. 하지만, 만약 그런 상황이 온다면 투자자가 회사를 인수(M&A)하여 더 큰 회사로 성장시킬 것입니다. 국내에서도 IMF 시절 대우 등 여러 대기업이 문을 닫았지만, 결국 M&A를 통해 다른 회사로 성장하지 않았습니까? 경쟁사 또한 어떠한 상태에 영향을 끼칠 수도 있다고 생각합니다. 더군다나 신생기업인 테스칸사는 미국, 유럽 등 전 세계적으로 검증되어 장비 판매대수가 계속 증가하는 상황으로서 한국에서도 더욱 성장을 해 나가는 아주 장점이 많은 신뢰가 가는 중소기업입니다. 즉 중요한 것은 어떠한 난관이 와도 이를 극복할 수 있다는 것입니다."

이러한 논리를 통해 고객의 불안을 해소하며 신뢰를 쌓아 갔다.

▶ 결론: 강한 경쟁자와의 차별화 전략

결국, 테스칸 전자현미경은 국내에서 꾸준한 성장세를 기록하며 자리 잡을 수 있었다. 초기 시장 개척 과정에서 강한 경쟁자와 정면 대결을 피하고, 고객과 신뢰를 쌓으며 점진적으로 성장하는 전략이 매우 효과적이었다.

이 경험을 통해 나는 다음과 같은 중요한 교훈을 얻었다:

1. 틈새시장 공략: 기존 강자들이 장악한 시장이 아니라, 경쟁이 덜한 분야부터 시작해야 한다.
2. 초기 고객 확보 전략: 데모 장비를 통해 신뢰를 구축하고 자연스럽게 입소문을 유도해야 한다.
3. 경쟁사의 부정적 정보에 대한 대응: 정면 반박보다는 고객의 불안을 인정하면서 논리적으로 설득해야 한다.
4. 시장 신뢰 구축: 한 번 신뢰를 얻으면 이후 판매는 자연스럽게 따라온다.

이러한 전략들은 단순히 전자현미경뿐만 아니라, 다른 제품을 판매하는 과정에서도 유효한 방식이다. 결국, 핵심은 강한 경쟁자와 직접적인 경쟁을 피하면서도 시장에서 자신의 입지를 단단히 다질 수 있는 방법을 찾는 것이다.

B2B 영업이란?

B2B(Business-to-Business) 영업은 기업 간 거래를 의미하는 것으로, 기업을 대상으로 제품이나 서비스를 판매하는 영업 방식입니다. 이는 일반 소비자를 대상으로 하는 B2C(Business-to-Consumer) 영업과는 다르게, 거래 규모가 크고 의사결정 과정이 길며, 신뢰와 관계가 중요한 특징이 있습니다.

▶ B2B 영업의 주요 특징

긴 영업 주기
- 고객(기업)의 내부 검토와 승인 절차가 필요하여 계약까지 시간이 오래 걸린다.
- 다수의 의사결정자(구매 담당자, 기술 책임자, 경영진 등)가 관여하는 경우가 많음.

고객 맞춤형 솔루션 제공
- 고객의 비즈니스 모델과 필요에 따라 맞춤형 제품이나 서비스를 제공해야 함.
- 단순한 제품 판매가 아니라 기술 지원, 유지보수, 컨설팅 등이 포함될 수 있음.

고객 관계 유지가 핵심
- 단발성 거래보다 장기적인 관계를 구축하는 것이 중요.
- 신뢰가 쌓이면 반복 구매 및 추가 계약(업셀링·크로스셀링)으로 이

어질 가능성이 높음.

업셀링(Upselling)

정의: 고객이 이미 구매하려는 제품이나 서비스보다 더 고가이거나 고급 옵션을 제안하여 판매 금액을 높이는 전략이다.

예시:
- 노트북을 사러 온 고객에게 기본 모델 대신, 더 좋은 성능과 저장 공간을 가진 상위 모델을 권하는 것.

핵심 포인트:

고객의 기존 니즈를 더 잘 충족시켜 줄 수 있는 상위 옵션을 제안하는 것이다.

크로스셀링(Cross-selling)

정의: 고객이 구매하려는 제품과 관련된 다른 제품이나 서비스를 함께 제안하는 전략이다.

예시:
- 노트북을 사는 고객에게 마우스, 노트북 가방, 소프트웨어 등을 함께 추천하는 경우.

핵심 포인트:

고객의 구매 목적에 **부가 가치를 더해 주는 '보완 제품'**을 제안하는 것이다.

업셀링과 크로스셀링의 공통점과 차이

항목	업셀링	크로스셀링
목적	더 비싼 제품으로 전환 유도	관련 상품을 추가 구매 유도
초점	상위 옵션 (기존 제품의 업그레이드)	관련 제품이나 서비스
기대 효과	객단가 상승	전체 매출 증대

고부가가치 & 높은 계약 단가

- B2B 거래는 일반적으로 B2C보다 거래 규모가 크고 단가가 높음.
- 기업 고객은 제품이나 서비스를 비즈니스 운영에 활용하기 때문에, 가격보다는 품질과 서비스 신뢰도를 중요하게 고려함.

기술 및 전문 지식 필요

- 제품이 복잡하거나 기술적일 경우, 고객이 이해할 수 있도록 교육하고 컨설팅 하는 역할도 필요.
- 단순히 제품을 파는 것이 아니라, 고객의 문제를 해결하는 솔루션을 제안해야 함.

▶ B2B 영업 프로세스

1. 리드 발굴(Prospecting)
- 시장 조사 및 잠재 고객(기업) 리스트 작성
- 콜드콜, 이메일, 세미나, 전시회 등을 활용한 접점 마련
2. 고객 접촉 및 관계 구축(Approach & Relationship Building)

- 고객의 니즈 파악 및 맞춤형 제안 준비
- 고객사의 의사결정 구조 및 주요 담당자 분석

3. 제안 및 프레젠테이션(Proposal & Presentation)
- 고객이 관심을 가질 만한 해결책(솔루션) 제시
- 데모, 샘플 제공, 견적서 제출 등

4. 협상 및 계약(Negotiation & Closing)
- 가격, 계약 조건, 납기 등 협의
- 최종 계약 체결 및 주문 확정

5. 사후관리 및 관계 유지(After-Sales & Customer Success)
- 제품 설치, 교육, 유지보수 지원
- 추가 구매 및 장기 파트너십 유도

▶ B2B 영업에서 성공하기 위한 핵심 전략

- 고객의 비즈니스를 이해하라
  - 단순히 제품이 아니라, 고객의 문제를 해결하는 솔루션을 제안해야 함.
- 신뢰를 기반으로 한 장기적인 관계 구축
  - 첫 거래가 끝이 아니라, 지속적인 커뮤니케이션과 지원이 필요함.
- 시장 및 경쟁사 분석 철저히
  - 경쟁사 대비 강점이 무엇인지 명확히 알고, 차별화된 가치를 제공해야 함.
- 데이터 기반 영업 전략 활용

- CRM(Customer Relationship Management) 등을 활용하여 고객 정보를 체계적으로 관리하고 영업 전략을 최적화해야 함.
○ 영업팀과 기술팀의 협업 강화
- 기술적 이해가 중요한 제품일 경우, 엔지니어와 협력하여 고객의 신뢰를 얻는 것이 중요함.

B2B 영업의 예시

- 과학 장비 판매: 연구소, 대학, 기업 연구소, 생산라인, 분석실 등에 전자현미경(FIB, SEM 등), SIMS, 광학장비, 유기물 분석 장비, 반도체 공정장비, 항공기 부품 등 판매
- 소프트웨어 솔루션: ERP, CRM, AI 솔루션을 기업에 제공
- 제조업 공급망: 자동차 부품을 완성차 업체에 납품
- 건설/인프라: 대형 프로젝트에 자재 및 장비 공급

B2B 영업은 단순히 제품을 파는 것이 아니라, 고객의 사업 성공을 돕는 파트너가 되는 과정이라고 할 수 있습니다.

B2B 영업에서 자신감 있는 장비 설명의 중요성

▶ 자신감 있는 설명이 신뢰를 만든다

B2B 영업에서 장비를 설명할 때는 무엇보다도 자신감 있는 태도가 중요하다. 자신이 취급하는 제품(장비)에 대해 충분히 이해하고 있고, 그 제품(장비)의 강점과 차별성을 확실히 알고 있다는 인상을 줄 수 있어야만 고객의 신뢰를 얻을 수 있다.

제품(장비)에 대한 자긍심을 갖고 설명할 때, 고객은 '이 사람은 자기가 파는 제품(장비)에 확신이 있구나'라고 느낀다. 이런 신뢰는 단순한 설명이 아니라, 영업사원의 표정, 말투, 눈빛, 자세 등에서 자연스럽게 드러나는 자신감에서 비롯된다.

현장에서는 고객이 예상치 못한 질문을 던지거나, 경쟁사 제품과 비교하며 날카로운 지적을 하기도 한다. 이럴 때 당황하지 말고 명확하게, 그리고 논리적으로 대응하면 단순한 설명 이상의 설득력을 갖게 되며, 고객은 이 사람은 전문가다 라는 인식을 갖게 된다.

반대로, 고객 질문에 대해 우물쭈물하거나 모호하게 설명하면, '영업사원도 확신이 없네'라는 인상을 주게 되고, 이는 곧 장비 자체에 대한 신뢰 저하로 이어진다. 한 번 잃은 신뢰는 다시 회복하기 어렵다.

이런 상황을 피하기 위해서는 다음과 같은 준비가 필요하다:

- 제품에 대한 철저한 학습: 기본 사양은 물론, 타사 제품 대비 장점과 약점까지도 이해하고 있어야 한다.
- 자주 받는 질문(Q&A)에 대한 숙지: 실제 고객 미팅에서 자주 나오는 질문과 그에 대한 답변을 미리 정리해 반복 연습한다.

- 기술 부서와의 협업 강화: 기술적으로 어려운 부분은 기술 부서와 함께 정리해, 정확한 표현과 개념을 익혀 둔다.

영업사원이 스스로 자신 없는 제품을 고객에게 자신 있게 그리고 고객이 제품에 호감을 가질 수 있도록 설명할 수는 없다.

따라서 철저한 사전 준비와 반복적인 연습을 통해 제품을 완전히 자기 언어로 소화해 내는 것이 중요하다. 그 순간부터 당신은 단순한 영업사원이 아니라, 고객이 신뢰하고 의지할 수 있는 제품 전문가가 된다.

고객 앞에서 자신감 있게 설명하려면 철저한 준비가 필요하다. 제품에 대해 꾸준히 공부하고, 직접 사용해 본 경험과 다른 고객의 사례들을 잘 기억해 두면 큰 도움이 된다. 경쟁 제품의 특징과 장단점까지 파악하고 있어야 고객 질문에 막힘없이 대응할 수 있고, 신뢰를 얻을 수 있다.

이런 준비가 잘 되어 있으면 고객과의 대화는 훨씬 자연스럽고 설득력 있게 흘러간다. 고객도 '이 사람은 진짜 잘 알고 있네'라고 느끼게 된다.

결국, 고객이 믿고 따르는 영업사원이 되려면 전문성을 키우려는 꾸준한 노력이 필요하다. 진정한 신뢰는 하루아침에 생기지 않는다. 매일 조금씩 공부하고, 현장에서 부딪히며 배우는 자세가 쌓여 신뢰로 이어진다.

공부하는 영업사원만이 고객의 마음을 얻을 수 있다. 그리고 그게 바로, 우리가 매일 한 걸음씩 나아가야 할 방향이다.

▶ 고객의 질문을 이해하고 적극적으로 대응하라

고객이 질문을 했을 때, 그 질문의 의도를 정확히 파악하지 못했다면 당황할 필요 없다.

그럴 때는 솔직하고 정중하게 "죄송하지만 제가 정확히 이해했는지 확인하고 싶습니다. 다시 한번 설명해 주시겠어요? 혹은 이 부분을 조금 더 자세히 말씀해 주시면 감사하겠습니다."라고 요청하는 것이 오히려 더 좋은 인상을 줄 수 있다.

이러한 태도는 단순히 예의 차원이 아니라, 고객의 말을 진지하게 경청하고자 하는 자세를 보여 주는 것이다. 고객은 자신의 말이 가볍게 흘려지지 않고, 제대로 이해되길 바란다. 따라서 질문을 정확히 이해하려는 당신의 태도는 오히려 열정과 성실함의 표현이 되며, 고객에게 신뢰를 쌓는 계기가 된다.

또한, 고객의 질문에 대해 당장 명확하게 답변하기 어려운 경우, 절대로 아는 척하거나 억지로 답변을 꾸며 내지 말라.

그럴 때는 자신 있게 다음과 같이 말하라:

"이 부분은 더욱 정확한 기술 정보를 확인한 뒤, 최대한 빠르게 답변 드리겠습니다."

이처럼 정직하고 신속하게 대응하는 자세는 고객에게 이 사람은 믿을 수 있는 파트너 라는 인식을 심어 주며, 장기적인 관계 구축의 중요한 기초가 된다.

현장에서는 이런 상황이 자주 발생한다:

- 고객이 다소 추상적인 표현으로 질문할 경우

- 기술적인 세부 사항을 예상치 못한 각도에서 물어볼 경우
- 경쟁사와 비교하며 민감한 내용을 언급할 경우

이럴수록 중요한 것은 당황하지 않는 침착함, 질문을 정확히 이해하려는 태도, 그리고 사실 기반의 피드백이다.

영업사원의 역할은 모든 것을 즉시 아는 사람이 아니라, 고객의 요구를 정확히 이해하고, 신속하게 해결책을 찾아 주는 사람이다.

이러한 태도를 지속적으로 유지한다면, 고객은 당신을 단순한 판매자가 아니라 신뢰할 수 있는 문제 해결 파트너로 인식하게 될 것이다.

▶ 철저한 학습이 곧 경쟁력이다

학습은 단순히 지식을 쌓는 것을 넘어, 자신의 가치를 높이는 가장 확실한 방법이다.

우리는 흔히 학교를 졸업하면 공부도 끝난다고 생각하기 쉽지만, 진짜 공부는 사회에 나와서 시작된다. 특히 영업처럼 다양한 사람을 만나고, 복잡한 상황에 대응해야 하는 직무에서는 지속적인 학습이 곧 경쟁력이며 생존력이다.

영업사원에게 학습은 두 가지 측면에서 큰 의미를 가진다.

첫째, 자신의 사존감과 전문성을 높이는 도구다. 제품이나 시장에 대해 깊이 있는 지식을 갖출수록 자신감이 붙고, 고객 앞에서 당당하게 말할 수 있게 된다. 이때의 자신감은 단순한 태도가 아니라, 실력에서 우러나오는 신뢰감이다.

둘째, 고객과의 관계에서 주도권을 갖게 해 주는 무기다. 요즘 고객들은 이미 인터넷을 통해 제품 정보를 사전에 조사해 오며, 유사한 제품을 사용해 본 경험도 있다.

이런 고객을 상대로 제대로 설명하고 설득하려면, 그 누구보다 제품에 대해 잘 알고 있어야 한다. 고객보다 한 걸음 더 깊은 지식과 시야를 갖추고 있어야 대화 흐름을 주도할 수 있고, 이 사람은 믿을 수 있는 전문가다 라는 인식을 심어 줄 수 있다.

이러한 원활한 대화와 자신감 있는 대응은 자연스럽게 고객의 신뢰로 이어지고, 그 신뢰는 당신을 반복해서 찾게 만드는 영업의 본질적인 자산이 된다.

학습은 거창하고 어려운 것이 아니다.

- 하루 10분, 제품 매뉴얼을 다시 읽어 보는 것
- 경쟁사 장비에 대해 한 줄이라도 더 알아보는 것
- 기술 부서와의 짧은 대화를 통해 전문 용어 하나를 정확히 이해하는 것

이런 작지만 꾸준한 노력이 당신만의 무기가 되어 준다.
세상은 끊임없이 변하고, 고객의 기대 수준은 날로 높아진다.
이 변화 속에서 흔들리지 않으려면, 스스로를 계속 업그레이드해야 한다. 철저한 학습은 자신을 지키고, 기회를 만들며, 결국 누구도 따라올 수 없는 당신만의 경쟁력을 완성시켜 줄 것이다.

▶ 경쟁사 장비도 철저히 공부하라

고객에게 진짜 신뢰를 얻기 위해서는 우리 제품만 잘 아는 것으로는 부족하다. 경쟁사 제품에 대해서도 충분히 공부하고, 그 특징과 차이점을 정확히 파악하는 자세가 필요하다.

단순히 우리 제품의 장점만 강조하면 고객 입장에서는 비교가 어렵다. 오히려 경쟁사 장비와 우리 장비의 특징을 객관적으로 비교하면서 설명하면, 고객은 자연스럽게 두 장비의 차이점을 이해하고 스스로 판단할 수 있게 된다.

이 과정에서 중요한 건, 경쟁사의 장점을 무조건 깎아내리는 게 아니라, 사실 기반으로 설명하고, 오해될 수 있는 부분은 명확히 짚어 주는 것이다. 이렇게 하면 고객은 '이 사람은 진짜 전문가구나'라는 인식을 하게 되고, 결국 우리 제품과 영업사원에 대한 신뢰와 호감으로 이어질 수 있다.

특히 연구장비나 고가 장비처럼 전문성이 필요한 제품일수록, 고객은 영업사원의 설명을 통해 객관적이고 논리적인 판단을 내리려고 한다. 따라서 경쟁사 제품에 대한 깊이 있는 이해는 중요한 무기가 된다.

이런 태도는 단기적인 매출보다 더 중요한, 장기적인 고객 신뢰와 관계 형성에 큰 도움이 된다.

경쟁사 장비를 분석하는 체크리스트

항목	주요 질문	메모
제품 기본 사양	성능, 구성, 옵션은 어떻게 다른가?	
핵심 기술 차이	어떤 기술이 적용되었고, 우리 제품과 차이는?	
장점	고객이 선호할 수 있는 강점은?	

단점 및 한계	사용자 불편, 기술적 한계는 무엇인가?	
가격 정책	기본 가격, 옵션 비용, 유지보수 비용은?	
AS 및 서비스	설치, 유지보수, 서비스 응대 수준은?	
주요 고객 사례	어디에 납품되었고, 사용평가는 어떤가?	
우리 제품과의 차별점	고객 입장에서 유의미한 차이는?	

▶ 경쟁사 제품과 비교 설명 시 주의할 점

1. 감정적 비방은 금물
- 그 회사 장비는 형편없어요. → X
- 해당 장비는 ○○ 조건에서는 성능이 떨어질 수 있습니다. 우리 제품은 이 부분을 보완했습니다. → O

2. 객관적인 근거 제시
단순 주장보다 데이터 기반 설명이 설득력 있다.
- X 우리 장비 성능이 더 좋습니다. → 막연하고 신뢰를 주기 어려움.
- 이 장비는 ○○ 환경(예: 고온, 고습, 저진공 등)에서 처리 속도가 평균 20% 빠릅니다. → 측정된 수치와 조건을 제시하면 고객이 성능 차이를 구체적으로 이해하고 신뢰할 수 있다.

구체적인 설명의 예시

비교 항목	경쟁사 장비	자사 장비	차이점 및 특징
분석 속도	평균 15분	평균 12분	20% 향상
시료 손상 정도	보통	낮음	저전압 빔 제어로 시료 손상 최소화
유지보수 주기	6개월	12개월	운영 비용 절감 효과
사용자 인터페이스	복잡	직관적	초보자도 1시간 내 사용 가능

3. 고객의 니즈와 연결해서 설명
- 고객의 사용 목적, 환경, 예산을 고려해 "그래서 고객님께서는 이 기능이 중요합니다."라는 식의 연결

4. 경쟁사 장비의 강점도 인정
- 경쟁사 장비의 강점도 정확히 짚어 주되, 우리 제품의 대응 방식과 차별 포인트를 설명

5. 중립적이고 전문적인 태도 유지

6. 제품이 아니라 사람을 믿게 하자. 전문가처럼 설명하면, 고객은 자연히 판단하게 된다.

결론

B2B 영업에서 장비를 설명하는 일은 단순히 제품의 기능과 특징을 나열하는 것이 아니다. 그것은 고객의 고민에 귀 기울이고, 그들의 문제를 함께 이해하며, 해결의 실마리를 제시하는 공감의 대화이다.

좋은 설명이란 정보 전달을 넘어, 고객의 세계를 이해하고 그 안에 들어가는 것이다. 이때 필요한 것은 기술적인 지식만이 아니라, 상대의 입장에서 생각하려는 태도와, 확신에 찬 자신감 있는 표현이다.

결국 장비 설명은 단순한 영업활동이 아니라, 신뢰의 문을 여는 첫 걸음이자 관계를 여는 진정성 있는 실천이다.

고객은 설명을 통해 당신이 얼마나 진심인지, 당신이 제공하는 해결책

이 얼마나 의미 있는지를 느끼게 된다.

　설명은 설득이 아니라, 연결의 시작이다.

　이 한 문장을 마음에 새기고 고객을 대한다면, 설명은 곧 계약으로 이어지고, 계약은 장기적 신뢰로 이어질 것이다.

일만 시간의 법칙과 영업 성공

운동선수들이 매일 8시간 이상 체력 단련, 기술 훈련, 전술 훈련 등을 반복하는 이유는 단순하다. 훈련을 통해 익힌 기술과 전략이 실전에서도 자연스럽게 발휘되도록 몸에 각인시키기 위해서다. 이는 단지 스포츠 선수만의 이야기가 아니다. 피아니스트가 한 곡을 수백 번 반복 연습하듯, 바리스타가 매일 수십 잔의 커피를 만들며 손의 감각을 익히듯, 프로그래머가 수천 줄의 코드를 작성하며 손끝으로 오류를 감지하듯, 누구나 어떤 분야에서든 반복과 훈련을 통해 실력을 쌓고 몸으로 익힌다. 몸이 기억하면, 훈련된 기술은 언제, 어떤 상황에서도 자연스럽고 효과적으로 구현된다.

이는 영업에서도 마찬가지다. 충분한 시간과 노력을 들여 제품 지식을 쌓고 훈련하면, 고객과의 상담 중에도 자연스럽게 설명할 수 있고, 고객의 요구에 맞게 유연하게 대응할 수 있다. 마치 피트니스 센터에서 주 3회 이상 꾸준히 운동하면 시간이 지나면서 몸의 변화가 눈에 띄는 것처럼, 지속적인 학습과 반복 훈련은 영업 성과에도 분명한 변화를 만들어낸다.

나는 고객을 만나러 가기 전, 최소 세 번 이상 제품 관련 PPT 자료를 연습했다. 이러한 반복 훈련 덕분에 고객과 상담할 때 더 명확하고 자신감 있는 설명이 가능했다. 고객들도 나의 설명을 이해하기 쉬워했고, 이를 바탕으로 내가 취급하는 장비를 선택하는 경우가 많았다. 결국, 판매된 장비의 수량이 나의 영업력을 증명하는 지표가 된다고 생각한다.

▶ **초보 영업사원은 어떻게 훈련을 시작해야 할까?**

처음부터 완벽할 필요는 없다. 중요한 것은 꾸준히, 체계적으로 시작하는 것이다.

1. 제품 지식 암기 및 이해 → 설명 연습: PPT나 브로셔 내용을 단순히 외우는 것이 아니라, 고객 입장에서 설명하는 연습이 필요하다. 혼잣말로라도 하루 10분 이상 꾸준히 반복하라.
2. 상황별 대응 시나리오 만들기: 고객이 자주 묻는 질문 10가지를 선정하고, 이에 대한 답변을 미리 준비해 연습한다.
3. 동료와 롤플레잉: 실제 상담처럼 역할극을 진행하면 실전 감각을 빠르게 익힐 수 있다.
4. 상담 후 복기 노트 작성: 상담이 끝난 후 잘된 점, 아쉬운 점을 적어두면 같은 실수를 줄일 수 있다.

영업은 타고나는 것이 아니라 익혀지는 것이다. 반복과 훈련으로 몸에 익히면 누구나 성공에 가까워질 수 있다.

▶ 효과적인 B2B 영업의 첫걸음

잠재 고객 발굴, 낚시에 비유하면 길이 보인다: 고객 중심의 전략
미끼는 낚시꾼이 아닌 물고기 입맛에 맞춰야 한다.
이 말은 고객 중심의 전략이 얼마나 중요한지를 비유적으로 설명한 표현이다. 핵심 요지는 다음과 같다:

- 전략의 초점은 공급자가 아니라 고객이어야 한다.
- 제품이나 서비스를 기획하고 제공할 때, 내부 관점이나 공급자의 취향보다는 고객의 니즈와 선호를 정확히 이해하고 반영해야 한다는

의미입니다.
- 고객의 입장에서 생각하고 행동하라.
- 고객이 무엇을 원하고, 어떤 문제를 해결하고자 하는지에 대한 깊은 공감과 분석이 필요합니다.
- 좋은 제품보다 필요한 제품을 만들자.
- 아무리 품질이 우수한 제품이라도 고객이 원하지 않으면 시장에서 성공할 수 없습니다. 결국 가치는 고객이 결정하는 것입니다.

1. 낚시터를 찾는 일: 물고기가 모여 있는 곳에 던져라

낚시에서 가장 중요한 것은 물고기가 많은 장소를 찾는 것이다. 아무리 좋은 장비와 미끼를 가지고 있어도, 물고기가 없는 곳에서는 소용이 없다. B2B 영업에서도 마찬가지이다.

잠재 고객이 될 수 있는 기업이나 기관이 어디에 있는지를 먼저 파악하는 것이 핵심이다.

고객이 있을 법한 곳을 정의하라

- 경쟁사 제품을 사용 중인 업체

→ 기존 사용 제품에 대한 불만이나 업그레이드 니즈가 있을 가능성

- 장래 장비 구매 계획이 있는 연구소/기업

→ 예산 수립 단계나 신규 프로젝트 초기 단계에 있는 조직

- 관련 학회, 전시회 참가 기관

→ 업계 트렌드에 민감하고 기술 향상에 관심이 높은 그룹

이러한 곳은 잠재 고객이 집단적으로 존재하는 낚시터이다.

그들의 정보를 분류하고, 꾸준히 접촉을 시도하는 것은 곧 고객 리스트 확보로 이어지고, 이는 영업의 기초 체력을 다지는 작업이다.

실전 팁
- 경쟁사 장비 설치 사례, 논문 저자, 학회 발표자 리스트 활용
- 산업 동향 기사, 정부 연구 지원사업 선정 업체 목록 참고
- 자사 고객으로 만들 가능성이 높은 세부 타겟군을 설정하고 지속 관리

떡밥을 뿌리는 일: 고객이 몰려들 환경을 조성하라

낚시꾼은 단순히 낚싯대를 던지는 것에 그치지 않고, 떡밥(미끼)을 물에 풀어 물고기를 유인한다.

마찬가지로 B2B 영업에서는 고객이 스스로 다가오게 만들 수 있는 환경을 조성해야 한다.

고객을 끌어들이는 전략: 정보와 기회의 제공을 통한 신뢰 구축 및 유입 촉진

2. 국내 다양한 학회 및 전시회 적극 활용
- 사전 공지 및 초대 활동 강화
→ 주요 학회 및 전시회 참가 사실을 고객에게 이메일, 뉴스레터, SNS 등을 통해 사전에 공지하고, 방문 초청장을 발송하여 유입 유도
- 부스 방문의 구체적 이점 명시
→ 부스 방문 시 얻을 수 있는 신제품 정보, 현장 데모 시연, 샘플 제공,

한정 프로모션 안내 등 고객의 관심을 끌 수 있는 구체적 혜택을 강조
- 고객 맞춤 응대 시스템 구축
→ 사전 등록 고객에게는 1:1 맞춤 상담 예약 서비스 제공, 특정 응용 분야 전문가와의 직접 상담 기회 제공

3. 세미나 및 기술 설명회 개최
- 실무 중심의 실질적 가치 제공
→ 장비 사용 중 자주 발생하는 문제 해결법, 실험 노하우, 유지보수 팁 등 현업에 즉시 도움이 되는 실용적 정보 제공
- 응용 분야별 맞춤형 콘텐츠 구성
→ 고객군(예: 반도체, 소재, 바이오 등) 별로 분류된 맞춤형 세션 구성, 케이스 스터디 기반 발표로 실효성 강화
- 참여 유인을 위한 다양한 장치 도입
→ 참가자 대상 기념품 제공, 추첨 이벤트, 참여 인증서 발급 등으로 세미나 참여율 제고
- 온·오프라인 병행 운영
→ 지방 및 시간 제약 고객을 위해 온라인 스트리밍 또는 녹화본 제공
　→ 접근성과 편의성 향상

이러한 활동은 단순한 접촉을 넘어서 신뢰 기반의 유입 구조를 만들어, 고객 스스로가 관심을 갖고 정보를 요청하게 하는 역방향 리드 생성 구조를 형성한다.

- 고객의 반응 데이터를 수집하고 분석
- 새로운 고객군이 생기는 신호(논문, 연구테마, 정부과제 등)를 놓치지 않기
- 나만의 잠재 고객 리스트를 자산화 하여 조직 내에서도 리딩 역할을 수행

마무리: 지속적인 리스트 관리와 행동이 답이다

낚시도 한번 던졌다고 바로 잡히는 것이 아니듯, 잠재 고객 발굴도 꾸준함이 핵심입니다.

리스트를 만들고 정기적으로 접촉하고, 작은 신호에도 반응하는 민감한 영업 감각이 필요합니다.

결국 이 모든 과정은 영업의 성공으로 이어지는 든든한 첫걸음입니다.

▶ 훈련의 성과는 어떻게 측정할 수 있을까?

훈련이 효과적인지 확인하려면, 단순히 열심히 했다는 느낌만으로는 부족하다. 다음과 같은 기준을 통해 스스로를 점검해 볼 수 있다.

- 고객 상담 후, 설명한 내용을 고객이 쉽게 이해했는가?
- 고객의 질문에 당황하지 않고 논리적으로 대응했는가?
- 상담 후 고객의 반응이 긍정적으로 변화했는가?
- 상담 횟수에 비례해 실제 계약 건수가 증가하고 있는가?

이러한 실질적 지표를 바탕으로 자신만의 훈련 방법을 점검하고 보완하는 것이 중요하다.

▶ 꾸준한 훈련이 만드는 영업 전문가

영업은 단순히 말을 잘하거나 성격이 활발하다고 해서 잘할 수 있는 일이 아니다. 영업은 기술이 아니라 역량이며, 반복적인 연습과 실천을 통해 서서히 숙련되는 과정이다. 하루아침에 뛰어난 영업인이 될 수는 없지만, 지속적인 훈련과 노력만 있다면 누구든지 고객에게 신뢰를 주는 진짜 전문가로 성장할 수 있다.

제품에 대한 이해는 반복에서 시작된다

고객이 궁금해하는 질문에 바로 답할 수 있으려면, 제품의 특성과 경쟁사의 장단점을 머릿속에 체화해야 한다. (체화: 생각, 사상, 이론 등이 몸에 배어서 자기 것이 되는 것)

예를 들어,

- 이 장비의 진공 생성 속도는 왜 빠른가요?
- ○○ 제품과 비교하면 어떤 점이 더 효율적인가요?

이런 질문에 막힘없이 답하려면, 단순한 스펙 암기가 아니라, 제품을 직접 사용하여 몸으로 기억하고, 또 다른 방법은 실제 고객과의 대화를 반복해 보는 실전 훈련이 필수이다.

커뮤니케이션 능력도 훈련을 통해 향상된다

많은 영업사원이 말을 잘하는 법에만 집중하지만, 고객의 말에 귀 기울이고, 고객의 입장에서 설명하는 능력이 더 중요하다.

- 고객이 사용하는 용어를 이해하고,
- 복잡한 기술 내용을 쉽게 풀어 설명하는 연습을 반복하면
- 고객과의 상담에서 자연스럽게 신뢰와 전문성을 보여 줄 수 있다.

결국, 일만 시간의 법칙은 영업에서도 예외 없이 적용된다. 단순한 반복이 아닌, 스스로를 돌아보며 개선해 나가는 의식 있는 훈련일 때 비로소 힘을 발휘한다.

철저한 준비와 꾸준한 연습은 고객의 마음을 움직이고 신뢰를 얻는 가장 현실적인 길이다.

이 과정은 단순히 말을 잘하게 되는 것이 아니라, 내가 누구이며, 어떤 가치를 줄 수 있는 사람인지를 다듬는 자기 성찰의 시간이기도 하다.

성공적인 영업은 우연이 아니라, 작은 훈련의 성실한 축적에서 비롯된다. 상담 현장에서 자연스럽게 드러나는 전문성은 오랜 시간과 노력, 그리고 진심 어린 태도의 결과이다.

연습은 기술을 만들고, 진심은 관계를 만든다.

영업에서의 일만 시간은, 고객과 깊이 연결되기 위한 성장의 여정이다.

▶ 첫인상의 중요성

　사람을 처음 만날 때 누구나 긴장할 수 있다. 특히 영업사원의 입장에서 처음 만나는 고객과 원활한 대화를 나눌 수 있을지 걱정하는 것은 자연스러운 일이다. 하지만 첫인상이 중요한 만큼, 이를 긍정적으로 만들기 위한 노력이 필요하다.
　첫 만남에서 가장 중요한 것은 정중한 인사와 밝은 표정이다. 고객을 처음 만났을 때 활짝 웃으며 정중하게 인사하면, 고객은 영업사원에게 작은 호의감을 가지기 시작한다. 사람은 심리적으로 자신에게 호감을 갖게 되면 이에 대한 반응을 하게 된다. 따라서 이러한 호의는 대화의 흐름을 부드럽게 만들고, 신뢰 관계를 형성하는 첫걸음이 된다.
　나는 고객을 만나기 전에 항상 거울 앞에서 미소 짓는 연습을 서너 번 한 후 방문한다. 이 과정을 거치면 자연스럽고 자신감 있는 표정을 유지할 수 있어, 고객에게 긍정적인 인상을 줄 수 있다. 또한 대화 중에는 고객과 자주 눈을 마주치려 노력한다. 이는 고객과의 친밀감과 신뢰성을 형성하는 데 중요한 요소다.
　첫인상이 중요한 또 다른 이유는 영업 성과에 직접적인 영향을 미치기 때문이다. 고객과 좋은 관계를 형성하면 내가 취급하는 제품의 성능과 가격이 경쟁사 제품과 비슷할 경우, 친밀감을 느끼는 영업사원의 제품을 더 선호할 가능성이 높아진다. 고객은 단순히 제품의 기능뿐만 아니라, 제품을 제공하는 사람과의 관계도 고려하여 구매 결정을 내린다. 따라서 영업사원은 첫인상을 좋게 만들기 위한 전략을 꾸준히 연습하고 적용해야 한다.

첫 만남에서의 인사, 미소, 눈맞춤을 통해 고객과의 신뢰를 쌓고 장기적인 관계로 발전시키는 것이 성공적인 영업 활동의 시작이다. 좋은 첫인상은 이후의 영업 과정에서도 긍정적인 영향을 미치며, 장기적으로 고객과의 충성도를 높이는 데 기여할 수 있다. 이러한 점을 고려할 때, 영업사원은 고객과의 첫 만남을 단순한 소개가 아니라 신뢰와 호감을 형성하는 중요한 기회로 인식해야 한다.

▶ 전달력의 중요성

고객의 이해를 이끌어 내는 힘

영업 활동에서 전달력은 단순한 말하기 기술이 아니다. 이는 고객이 내용을 얼마나 쉽게 이해하고, 얼마나 신뢰할 수 있는지를 결정짓는 핵심 역량이다. 특히 B2B 분야에서 다루는 제품이 고가의 장비이거나 기술적으로 복잡할 경우, 전달력은 그 자체로 경쟁력이 된다. 아무리 뛰어난 제품이라도 고객이 그 가치를 이해하지 못한다면, 구매로 이어지기 어렵기 때문이다.

전달력은 단지 정보를 알려 주는 수준을 넘어, 고객이 제품의 특징과 장점, 그리고 실질적인 가치를 이해하고 공감하게 만드는 능력입니다. 이는 곧 영업의 성공 가능성을 높이는 핵심 요인이 됩니다.

전달력의 구성 요소

전달력을 구성하는 핵심 요소는 다음과 같다:

1. 명확한 구조 - 흐름 있는 설명

설명에는 자연스러운 이야기의 흐름이 있어야 고객이 쉽게 따라올 수 있습니다.

설명의 기본 순서는 다음과 같다:

① 제품의 특징 → ② 고객의 문제와 연결 → ③ 기대 효과

이렇게 설명하면 고객은 '그래서 나에게 어떤 도움이 되지?'라는 질문에 쉽게 답을 얻을 수 있습니다.

예시: 이 장비는 빠른 분석이 가능합니다 → 고객의 분석 시간이 오래 걸리는 문제 해결 → 작업 효율 향상과 리드타임 단축

2. 고객에게 도움이 되는 유용한 정보 제공

설명은 단순한 제품 자랑이 아니라, 고객에게 실질적인 도움이 되는 정보를 주어야 한다.

- 고객 입장에서 '이 기능이 내 일에 어떤 도움이 되는가?'를 중심으로 설명
- 기술적인 특징보다는 문제 해결, 편의성, 효율성 등 실질적인 이점을 강조
- 가능하면 사례, 수치, 비교 등 구체적인 설명 추가

예시: 자동 캘리브레이션 기능이 있어 → 사용자가 수동으로 조정할 필요 없음 → 작업자 실수 감소(제품성능의 균일화) + 시간 절약.

3. 간결한 언어 사용 - 짧고 쉽게 말하라

고객은 복잡한 용어나 긴 설명보다, 짧고 쉬운 표현이 이해도를 높일 수 있다.

- 한 문장은 15~20단어 이내
- 전문 용어는 적게 사용하고, 일상적인 표현을 사용
- 핵심 메시지는 5초 안에 전달

예시: "작은 부분도 선명하게 볼 수 있어 정확한 분석이 가능합니다."
간결한 언어 = 고객의 이해 + 신뢰도 상승

고객의 기술적 이해도에 따른 맞춤형 커뮤니케이션의 중요성

고객에게 제품이나 기술을 설명할 때, 가장 먼저 고려해야 할 것은 고객의 기술적 이해도 수준이다. 아무리 기술적 배경이 있는 전문가라 하더라도, 해당 분야가 조금만 달라도 지나치게 전문적인 용어나 과도한 정보 제공은 오히려 혼란을 초래할 수 있다.

예를 들어, 반도체 공정 장비를 판매하는 영업사원이 고객에게 플라즈마 기술을 설명한다고 가정해 보자. 이때 영업사원이 자신의 전문 지식을 드러내고 싶어 물리학적인 원리나 복잡한 이론까지 깊이 들어가면, 고객은 오히려 핵심 내용을 놓칠 수 있다. 특히 고객이 자연과학 전공자라 하더라도, 전공 분야가 다르거나 해당 기술에 익숙하지 않다면 설명이 어렵게 느껴질 수 있다.

반대로, 너무 기본적인 개념만 반복해서 설명하면 고객은 이 사람은 우리 수준을 제대로 이해하지 못하고 있다는 인상을 받을 수 있다. 결국, 고객의 지식 수준과 관심사에 맞춘 설명이야말로 신뢰를 높이고 커뮤니케이션을 효과적으로 만드는 핵심이다.

▶ 효과적인 커뮤니케이션을 위한 기본 접근

고객의 이해도 파악

상담 초반, 고객의 질문 방식이나 사용하는 용어, 담당 업무 범위를 통해 기술적 배경을 파악한다. '직접적으로 혹시 이 부분은 어느 정도까지 들어 보셨나요?'라는 질문을 던지는 것도 좋다.

1. 용어와 설명의 조율
2. 고객의 수준에 맞춰 용어를 선택하고, 배경 설명이 필요할 경우 짧고 명확하게 덧붙인다. 핵심 개념은 쉽고 단순한 언어로 표현하고, 필요할 때는 그림이나 비유를 활용하면 더욱 효과적이다.
3. 정보 전달의 단계화
4. 한 번에 많은 정보를 전달하기보다는, 핵심만 먼저 설명하고 고객의 반응을 보며 추가적으로 깊이 있는 정보를 제공하는 방식이 바람직하다. 고객의 표정, 고개 끄덕임, 질문 유무 등을 통해 정보의 전달력을 실시간으로 확인할 수 있다

영업사원 입장에서 생각하기

모든 고객이 내 설명을 내가 기대한 만큼 이해했다고 생각하는 건 착각

일 수 있다. 어떤 고객은 기술보다 가격을, 또 어떤 고객은 성능보다 납기를 더 중요하게 여긴다. 그래서 제품이나 서비스를 설명할 때는 내 기준이 아니라, 고객의 관심사와 우선순위에 맞춰야 한다.

무엇을 어떻게 설명할지는 항상 고객의 관점에서 시작되어야 한다.

기술적인 설명도 마찬가지이다. 내가 알고 있는 걸 그대로 전달하는 게 아니라, 고객이 얼마나 알고 있는지, 어느 정도까지 알고 싶은지에 맞춰 설명을 조절해야 한다. 이건 단순한 제품 지식만으로는 어렵고, 현장에서 쌓은 경험과 고객을 세심하게 관찰하는 눈이 있어야 가능한 일이다. 고객이 내 설명을 듣고 고개를 끄덕이며 이해하는 그 순간, 신뢰가 형성된다.

영업사원에게는 이러한 전달력이 매우 중요하며, 이를 잘할 수 있도록 지속적인 훈련이 필요하다.

고객의 입장에서 생각하기

고객 입장에서는 낯선 장비나 자신이 예상하지 못했던 제품, 또는 처음 접하는 기술을 마주했을 때 자연스럽게 의문이 생길 수 있다.

특히 영업사원이 자사 제품의 장점만을 일방적으로 강조할 경우, 고객은 '정말 그런가?, 우리 환경에 맞을까?'라는 불신과 의구심을 가질 수 있다.

이럴 때 영업사원이 고객의 입장에서 생각하며,

- 고객이 가질 수 있는 의문점을 미리 파악하고 해소해 주며,
- 고객의 지식 수준에 맞춰 쉽게 설명하고,
- 필요한 정보를 객관적이고 명확하게 정리해 준다면,

고객은 점점 영업사원에 대한 신뢰를 쌓게 되고, 이는 곧 제품과 회사에 대한 신뢰로 이어진다.

반대로, 기술적인 설명이 지나치게 어렵거나 복잡하면, 아무리 뛰어난 제품이라도 고객의 관심은 멀어질 수 있다. 결국 좋은 제품을 제대로 전달하지 못해 기회를 놓치는 결과로 이어질 수 있다.

고객은 자신이 이해할 수 있는 언어로 설명 받을 때 가장 큰 신뢰를 느낀다. 고객의 눈높이에서 설명하고, 객관적인 비교와 설명을 곁들이는 자세는 성공적인 영업의 핵심이다.

맞춤형 커뮤니케이션이 주는 진짜 힘

결국, 기술적인 설명의 목적은 설명이 아니라 이해를 돕는 것이다. 고객이 이해해야 구매로 이어지고, 고객이 신뢰해야 관계가 유지된다. 영업사원은 단순히 제품을 파는 사람이 아니라, 고객의 눈높이에 맞춰 문제를 함께 풀어 가는 설명의 조율자이자 신뢰의 설계자다.

나의 말이 아니라, 고객의 언어로 말하는 것 이것이 진정한 커뮤니케이션의 시작이다.

▶ 전달력을 높이는 목소리와 비언어적 표현의 중요성

효과적인 커뮤니케이션에서 무엇을 말하느냐만큼 중요한 것이 어떻게 말하느냐이다. 특히 고객과의 상담이나 프레젠테이션에서 목소리의 톤, 속도, 리듬, 그리고 비언어적 표현(손짓, 시선)은 메시지의 전달력과 설득력을 크게 좌우한다.

1. 목소리의 톤과 크기
2. 목소리는 단순한 소리가 아니라 감정을 실어 전달하는 강력한 도구이다. 톤이 지나치게 단조롭거나 일정하면 고객의 집중력이 떨어지고, 중요한 메시지의 무게감도 전달되지 않을 수 있다.
3. 강조하고 싶은 부분에서는 톤을 살짝 높이거나, 속도를 늦추는 등의 변화를 주어 자연스럽게 청자의 주의를 유도하는 것이 효과적이다.
4. 속도와 리듬 조절
5. 너무 빠른 말은 이해를 방해하고, 너무 느린 말은 지루함을 줄 수 있다. 말의 속도는 상황과 내용에 따라 적절히 조절되어야 하며, 리듬감 있는 말하기는 고객의 몰입도를 높여 준다.
6. 특히 복잡하거나 중요한 내용을 설명할 때는 천천히 또박또박 말하는 것만으로도 신뢰감을 줄 수 있다.
7. 비언어적 표현 - 손짓과 시선 처리
8. 사람은 말보다 비언어적 요소에서 더 많은 신호를 읽어 낸다. 설명에 맞는 적절한 손짓은 메시지의 이해를 도와주고, 신뢰감을 높이는 데 큰 역할을 한다. 또한 고객과의 눈맞춤은 소통의 기본이며, 이를 통해 진정성과 관심을 자연스럽게 전달할 수 있다.

즉, 내용과 함께 전달 방식을 함께 관리하는 것이 진정한 프로의 커뮤니케이션이다. 작은 차이가 큰 인상을 만들고, 결국 고객의 신뢰와 공감을 이끌어 내는 결정적인 요소가 된다.

▶ 실전에서의 활용 전략

1. 고객의 수준에 맞춘 커뮤니케이션
2. 고객이 기술적 배경지식이 있는지 없는지를 파악한 후, 그에 맞게 설명 수준을 조정해야 합니다. 같은 제품이라도 설명 방식은 고객에 따라 달라져야 한다.
3. 사전 리허설과 피드백
4. 중요한 프레젠테이션이나 제품 시연 전에 충분한 리허설을 거치는 것이 좋다. 동료나 상사로부터 피드백을 받아 전달 방식의 문제점을 사전에 수정하는 것이 중요하다.
5. 스토리텔링 활용

스토리텔링의 활용 - 기술 설명을 이야기로 전환하라

기능 중심의 설명도 필요하지만, 고객의 공감과 이해를 끌어내기 위해서는 스토리텔링을 적극적으로 활용하는 것이 효과적이다. 단순히 스펙이나 특징을 나열하는 방식보다, 실제 고객이 겪었던 문제와 그것을 자사 장비로 어떻게 해결했는지에 대한 이야기를 들려주는 것이 훨씬 더 강력한 설득력을 갖는다.

왜 스토리텔링이 중요한가?

- 고객은 제품 그 자체보다, '이 제품이 내 일에 어떤 도움을 줄 수 있는가?'에 더 관심이 많다.
- 이야기는 정보를 기억하기 쉽게 만들고, 감정적 연결을 형성한다.

- 현실적인 사례를 통해 제품의 가치와 효용을 직관적으로 전달할 수 있다.

효과적인 스토리텔링의 구성 방법:

1. 문제 제기(Problem)
- 실제 고객이 겪은 어려움이나 비효율적인 상황을 설명한다.
- 예: 기존에는 하나의 시료 분석에 8시간이 필요했다. 많은 시간의 소요로 연구 일정이 자주 지연되는 경우가 발생할 수 있다.

2. 해결 과정(Solution)
- 자사 장비나 솔루션을 통해 문제를 어떻게 해결했는지를 구체적으로 보여 준다.
- 예: 당사의 장비를 도입한 후, 분석 speed 및 자동화 기능 덕분에 분석 시간이 3시간으로 단축되었다.

3. 성과 및 변화(Outcome)
- 그 결과 고객의 업무 방식이 예상보다 성과가 어떻게 개선되었는지를 강조한다.
- 예: 그 결과 프로젝트 납기 준수가 예상보다 빨리 가능 해졌고, 연구원들의 만족도도 크게 향상되었다.

핵심 포인트:

스토리텔링의 중심에는 항상 '이 장비가 고객의 업무를 어떻게 변화시켰는가?'라는 질문이 있어야 한다. 고객 입장에서 이야기를 들었을 때, 고객 자신의 상황과 연결 지을 수 있는 장면이 떠오르게 해야 한다.

▶ 효과적인 전달력이 주는 이점

전달력은 단순히 말을 잘하는 기술이 아니다. 그것은 고객의 입장에서 제품과 서비스를 이해하고 신뢰할 수 있도록 돕는, 매우 전략적인 커뮤니케이션 역량이다. 특히 과학기기나 산업용 장비처럼 복잡한 설명이 필요한 제품을 다루는 장비 영업에서는, 단순한 정보 전달을 넘어 고객의 관심을 끌고, 이해를 유도하며, 공감력을 높여, 최종적으로는 구매로 연결시키는 설득력이 무엇보다 중요하다.

고객은 제품을 사기 전에 먼저 사람을 믿고, 그 사람의 설명을 통해 제품의 가치를 이해하게 된다. 아무리 뛰어난 성능을 가진 제품이라도, 그것이 고객의 문제를 어떻게 해결해 주는지 명확하게 설명되지 않으면, 그 가치는 전달되지 않는다. 따라서 제품에 대한 깊이 있는 이해와 더불어, 그 내용을 고객의 눈높이에 맞춰 쉽게 풀어 설명할 수 있는 능력이 진정한 전문가의 자질이다.

효과적인 전달력은 고객과의 신뢰 형성을 넘어, 실질적인 영업 성과로 직결된다. 설명을 잘 듣고 이를 이해한 고객은 제품에 대한 확신을 갖고, 경쟁 제품과 비교하는 과정에서도 더 높은 평가를 하게 된다. 나아가 고객 스스로 내부 의사결정권자들에게 제품을 설명하고 설득할 수 있는 수준에 이를 경우, 이는 강력한 구매 동기로 작용한다. 결국 전달력은 단기적인 계약 성사뿐만 아니라, 장기적인 고객 관계 형성과 재구매로 이어지는 중요한 무기가 된다.

1. 고객의 집중과 관심을 유지하는 힘

전달력이 뛰어난 영업사원은 고객의 주의를 끌고, 그 관심을 유지하는 데 능한다. 이는 단조로운 설명이 아니라, 핵심을 짚어주고 고객의 상황과 연결되는 맞춤형 커뮤니케이션을 가능하게 한다. 고객이 내 이야기를 듣고 있다는 인식을 갖게 되면, 대화의 몰입도는 자연스럽게 높아진다.

2. 복잡한 정보를 쉽게 풀어 주는 능력

장비 영업에서는 기술적 설명이 불가피하다. 하지만 모든 고객이 기술에 익숙한 것은 아니다. 전달력이 좋은 영업사원은 복잡한 기능이나 원리를 고객이 이해할 수 있는 언어로 바꾸어 설명한다. 이는 고객이 제품의 가치를 더 정확하게 이해하게 하며, 구매 결정을 빠르게 이끌어 내는 데 핵심적인 역할을 한다.

3. 신뢰 형성과 관계 구축에 기여

설명이 명확하고 설득력 있게 전달될수록, 고객은 해당 영업사원을 전문가로 인식하게 된다. 이는 자연스럽게 신뢰로 이어지며, 단기적인 판매를 넘어서 장기적인 관계 형성에도 긍정적인 영향을 준다. 결국, 고객은 제품과 사람을 보고 선택하는 경우가 많기 때문에, 전달력은 개인의 브랜드 가치를 높이는 수단이 된다.

4. 세일즈 성공률의 실질적인 향상

전달력이 좋으면 고객의 니즈를 정확하게 파악하고, 이에 맞는 솔루션을 적절히 제안할 수 있다. 이는 단순한 설명 수준을 넘어선 제안 기반의 영업 방식을 가능하게 하며, 구매 전환율을 높이는 결과로 이어진다. 또한, 오해나 불신으로 인한 불필요한 커뮤니케이션 오류를 줄이는 데에도 도움이 된다.

결론

효과적인 전달력은 영업 활동의 모든 순간에 영향을 미치는 핵심 무기이다. 기술력과 제품 지식만으로는 한계가 있으며, 그 가치를 고객이 공감하도록 만드는 과정이야말로 세일즈의 본질이다.

아무리 뛰어난 기술력과 제품 지식을 갖추고 있어도, 그것을 고객이 이해하고, 믿고, 공감하도록 전달하지 못한다면 그 가치는 빛을 잃는다.

영업은 단순히 정보를 전달하는 일이 아니다. 그것은 상대의 입장을 헤아리고, 복잡한 내용을 쉽게 풀어내며, 나아가 고객이 스스로 '이건 내게 필요한 것이다'라고 느끼게 만드는 과정이다. 이는 곧 설득이 아닌 공감의 기술이며, 고객과의 신뢰를 쌓아 가는 소통의 여정이다.

따라서 영업사원은 단순한 설명을 넘어, 내가 말하는 것이 아니라, 고객이 이해하고 받아들이는 것을 목표로 삼아야 한다. 이를 위해선 자신의 말하기 습관을 돌아보고, 상대의 반응을 관찰하며, 반복적으로 개선해 나가야 한다. 진심이 담긴 전달력은 훈련으로 정제될 수 있으며, 그것이야말로 영업성과를 좌우하는 가장 인간적인 경쟁력이다.

영업에서의 경청

경청이란 상대방의 말을 잘 듣고, 그들이 진정으로 하고 싶은 이야기가 무엇인지 파악하는 것이다. 이는 단순히 듣는 것이 아니라 상대방의 의도를 이해하고 공감하는 능력을 포함하는 것이다. 영업에서도 경청은 필수적인 요소이며, 고객과의 신뢰를 쌓고 실질적인 성과를 창출하는 데 중요한 역할을 한다.

▶ 영업에서의 경청의 중요성

많은 영업사원들은 고객에게 자사 제품의 특징과 장점을 강조하는 데 집중하는 경향이 있다. 그러나 이러한 일방적인 설명은 오히려 고객이 자신의 니즈나 고민을 충분히 공유할 기회를 차단할 수 있다. 고객의 입장에서 볼 때, 단순히 설명을 듣는 것보다는 자신의 생각과 요구를 자유롭게 말할 수 있는 환경이 훨씬 더 가치 있게 느껴진다.

특히 경쟁이 치열한 시장 환경에서는 경청이 더욱 중요하다. 고객의 이야기에 진심으로 귀를 기울이면, 고객이 경쟁사에 대한 정보를 자연스럽게 언급할 기회를 얻을 수 있다. 예를 들어, 고객이 경쟁사의 제품 성능에 대해 언급하는 경우, 이를 통해 자사가 취급하는 제품과 비교할 수 있는 기준점을 확보할 수 있다. 또한 고객의 질문이나 언급을 통해, 경쟁사 영업사원이 어떤 방식으로 자사 제품을 평가하고 있는지도 파악할 수 있다.

이러한 정보는 단순한 대화 이상의 의미를 지닌다. 고객의 니즈뿐 아니라 시장의 흐름, 경쟁사의 전략까지 간접적으로 파악할 수 있는 기회이기 때문이다. 나아가 이 정보를 바탕으로 고객 맞춤형 대응 전략을 수립하면, 고객의 신뢰를 얻고 설득력을 높이는 데 큰 도움이 된다.

결국, 영업에서의 경청은 단순한 듣기가 아니라, 고객과의 관계를 구축하고 시장 정보를 얻으며, 효과적인 영업 전략으로 연결되는 핵심 역량이라 할 수 있다.

▶ 경청을 잘하는 영업사원의 특징

1. 질문을 통해 대화를 유도한다

단순한 설명보다는 고객이 생각을 표현할 수 있도록 개방형 질문을 던진다.

- 현재 사용 중인 장비에서 개선하고 싶은 점이 있으신가요?
- 타사 제품과 비교했을 때 어떤 점이 가장 중요하다고 생각하시나요?

고객과의 대화를 통해 단순한 개선 사항뿐만 아니라 경쟁사의 서비스 대응 및 높은 가격에 대한 불만도 파악할 수 있다. 이를 통해 고객의 니즈를 보다 구체적으로 이해하고, 차별화된 가치를 제공할 기회를 얻을 수 있다.

예를 들어, 2010년 장비 영업을 진행할 당시 한 고객은 경쟁사 제품의 애프터 서비스(After Service, 장비 설치 후 유지 관리)에 대한 불만을 토로했다. 해당 경쟁사는 장비 고장 발생 시 대응 시간이 2주일에서 3주일 정도 걸린다고 했다. 이러한 문제는 고객에게 큰 불편을 초래하고, 기업의 운영 효율성을 저하시키는 요소였다.

이러한 고객의 불만을 접한 우리는 차별화된 서비스 정책을 강조하며 접근했다. 우리는 서비스 전화를 받으면 48시간 이내에 방문하여 수리를 진행하는 것을 회사의 정책으로 삼고 있었다. 이를 통해 고객이 장비를 구입한 후 발생할 수 있는 다운타임을 최소화하여, 기업이 투자한 장비의 가치를 극대화할 수 있도록 도와준다고 설명했다. 즉, 단순한 제품 판매가 아니라 고객의 생산성 및 사업 지속성을 보장하는 서비스를 제공하는 것이 핵심이었다.

결과적으로, 이러한 고객의 소리에 귀 기울이고 맞춤형 솔루션을 제시한 덕분에 우리는 성공적인 영업 성과를 달성할 수 있었다. 고객의 니즈를 정확히 이해하고 신뢰를 쌓아 가는 과정이야말로 장기적인 고객 관계를 형성하는 중요한 요소이다.

이처럼 고객의 의견을 경청하고 고객의 needs에 대하여 적극적으로 대응하는 것이 영업의 핵심 전략이 되어야 한다. 단순한 제품 판매를 넘어, 고객이 겪는 불편을 해결하고 실질적인 가치를 제공할 때 비로소 차별화된 경쟁력을 가질 수 있다.

2. 적극적인 공감과 피드백을 제공한다

고객의 말을 단순히 듣는 것이 아니라, 적절한 반응을 보이며 이해하고 있음을 표현한다.

- 말씀하신 내용을 들어 보니, 기존 제품에서 이런 부분이 불편하셨군요.
- 경쟁사 제품에서 만족하시는 부분이 어떤 것인지 좀 더 들려주실 수 있을까요?

이처럼 고객의 감정과 의견에 공감하면, 고객은 자신의 이야기가 존중받고 있다고 느끼게 된다.

3. 고객의 니즈를 파악하고 솔루션을 제시한다
고객의 요구 사항을 정확히 파악한 후, 최적의 해결책을 제안하는 것은 성공적인 영업 활동의 핵심 요소이다. 이를 위해 다음과 같은 접근 방식을 활용할 수 있다.

1) 고객 요구 사항 분석
고객이 특정 기능이나 성능을 요구할 때, 단순히 이를 수용하기보다 해당 요구의 근본적인 이유를 파악하는 것이 중요한다. 이를 위해 다음과 같은 질문을 활용할 수 있다.

- 해당 기능이 귀사의 업무에서 어떤 점에서 중요한가요?
- 현재 사용 중인 장비에서 해결되지 않는 문제가 있습니까?
- 기대하는 성능이 실제로 업무 효율성에 어떤 영향을 미치나요?

이러한 질문을 통해 고객의 실질적인 니즈를 파악하고, 단순한 성능 비교가 아닌 업무 효율성 증대에 초점을 맞춘 해결책을 세인할 수 있다.

2) 경쟁사 제품과의 비교 대응
고객이 경쟁사 제품의 특정 성능에 관심을 보일 경우, 이를 효과적으로 대응하는 방법은 다음과 같다.

(1) 객관적인 자료 확보:

경쟁사 제품과 당사 제품의 성능을(자사 장점, 경쟁사 단점) 비교하는 객관적인 데이터를 준비한다.

논문, 시험 결과, 기술 사양, 실제 사용 사례 등을 활용하여 신뢰할 수 있는 자료를 제공한다.

(2) 대등한 성능 강조:

경쟁사가 강조하는 특정 성능이 자사 제품에도 비슷한 수준으로 구현되어 있다는 점을 고객에게 설명해야 한다.

이를 위해, 실제 업무 환경에서 두 제품이 유사한 결과를 낸 사례나 데이터를 준비해 보여 주면 더욱 설득력이 있다.

또한, 자사 제품만의 특장점 예를 들어, 고객이 실제로 필요로 하는 성능이나 결과를 더 효율적으로 만들어 내는 기능이 있다면 그 부분을 강조해야 한다.

즉, 우리 제품도 성능은 충분히 대등하고, 이런 부분에서는 오히려 고객에게 더 유리한 결과를 줄 수 있다는 메시지를 쉽게 전달하는 것이 중요한다.

이런 방식으로 고객을 설득하면, 자사 제품을 선택할 가능성을 크게 높일 수 있다

(3) 차별화된 강점의 핵심 메시지 구조: 기능 → 효과 → 고객 가치

경쟁사의 특정 성능이 뛰어나 보일 수 있으나, 자사 장비의 특장점이 고객의 실무에서 더 높은 효율성을 제공할 수 있음을 강조한다.

항목	설명 방식	예시
기능	장비가 제공하는 구체적인 기술 요소	자동 정렬 기능(Auto Alignment)
효과	기능이 실험 현장에서 만들어 내는 결과	시료 중심 자동 정렬 → 시간 단축, 정확도 향상
고객 체감 가치	고객이 느끼는 실질적 효용	숙련도 상관없이 정확한 분석 가능 → 실수 감소, 초보자 교육 부담 축소

포인트: 단순히 좋다가 아니라, 왜 이게 고객에게 이익인지를 말해야 한다.

4. 맞춤형 해결책 제안

단순한 성능 비교를 넘어, 고객의 실제 업무 환경에서 최적의 솔루션을 제공할 수 있도록 맞춤형 제안을 진행해야 한다.

- 데이터 기반 제안: 수집된 자료를 바탕으로, 고객이 원하는 성능이 실무에서 어떤 영향을 미치는지 설명한다.
- 실제 사례 제공: 유사한 요구를 가진 다른 고객의 성공 사례를 공유하여 신뢰를 구축한다.
- 장기적 가치 강조: 단기적인 성능 비교보다, 자사 장비가 장기적으로 더 높은 가치를 제공할 수 있음을 강조한다.
- 또한, 자사의 서비스 방문 시간이 경쟁사 대비 얼마나 빠른지(숫자로 표현하면 이해가 더 쉬움)를 설명.

서비스 가격이 비슷하더라도 장비의 다운타임(down time)이 경쟁사보다 빠르게 해결될 경우, 이는 장비 운영으로 인한 업무 수행을 할 수 있어 수익률을(내부 고객 요구에 즉시 피드백, 업무 효율 활성화 등) 높이는 데 큰 도움이 된다.

이처럼 고객의 고민을 해결할 수 있는 구체적인 데이터를 제공하면, 더욱 신뢰를 얻을 수 있다.

5. 침묵의 힘을 활용한다

고객이 충분히 이야기할 수 있도록 조용히 기다리는 것도 중요한 기술이다. 너무 많은 말을 하면 고객이 자신의 고민을 말할 기회를 놓칠 수 있다. 적절한 침묵을 활용하면 고객은 스스로 더 많은 정보를 제공하려는 경향이 있다.

경청을 통한 경쟁사 정보 획득 및 대응 전략

고객이 자유롭게 이야기할 수 있도록 하면, 자연스럽게 경쟁사의 강점과 단점에 대한 피드백을 들을 수 있다. 이를 통해 얻을 수 있는 주요 정보는 다음과 같다.

- 경쟁사 제품의 강점과 고객이 선호하는 요소
- 경쟁사의 가격 정책 및 프로모션 전략
- 경쟁사 영업사원의 접근 방식과 고객 반응
- 고객이 현재 제품에 느끼는 불편함과 개선점

이러한 정보를 바탕으로 자사의 제품을 차별화하여 제안할 수 있으며, 고객이 원하는 핵심 가치를 중심으로 설득력을 높일 수 있다.

결론

영업에서의 경청은 단순한 듣기가 아니라, 고객의 니즈를 이해하고 신뢰를 쌓는 정서적 교감의 과정이다. 고객이 편안하게 이야기할 수 있도록 진심 어린 관심과 공감의 태도로 다가가는 것이 중요하며, 이는 영업사원의 내면적 준비와 심리적 여유에서 비롯된다.

고객이 마음을 열면 단순한 요구를 넘어 경쟁사 정보, 조직 내부의 고민, 진정한 니즈까지 다양한 기회를 얻을 수 있다. 고객은 진짜 내 말을 들어 주는 사람에게 마음을 열고, 이는 곧 신뢰로 이어진다.

설득보다 이해에 집중하고, 정기적으로 피드백을 수집해 팀과 공유하는 것은 전략이자 고객 공감 능력을 키우는 훈련이다.

결국, 효과적인 영업은 말을 잘하는 사람이 아니라, 진심으로 들어 주는 사람에게 성공이 돌아간다. 적극적인 경청은 고객과의 관계를 강화할 뿐 아니라, 영업사원의 자신감과 심리적 안정도 함께 키운다.

▶ 지각: 보는 것은 눈이 아니라 마음이다

사람들은 흔히 보았다고 말하지만, 정말로 본 것은 눈이 아니라 마음이다. 눈은 단지 외부 대상을 비출 뿐이며, 그 대상을 어떻게 해석하고 받아들일지는 마음의 역할이다. 이처럼 지각(perception)은 단순한 시각적 정보 수집을 넘어선 복합적인 인지 과정이다. 같은 사물을 두고도 사람마다 다르게 느끼고 판단하는 이유가 여기에 있다.

영업 현장에서도 이 지각의 본질은 깊은 통찰을 준다. 우리는 고객과 마주하며 그들의 표정, 말투, 질문, 침묵, 심지어는 주저함까지 다양한 신호들을 접한다. 그러나 이 모든 신호를 단순한 정보로만 받아들이는 데 그치다면, 그 안에 숨겨진 진짜 의미를 놓치기 쉽다. 중요한 것은, 고객이 말하지 않은 마음의 흐름을 느끼는 것이다. 그것이 바로 영업인의 마음의 눈이다.

진정한 영업은 판매가 아니라 이해에서 출발한다. 고객이 왜 이 장비에 관심을 가졌는지, 무엇을 기대하고 있고, 어떤 불안을 갖고 있는지를 파악하는 능력은 단순한 제품 설명으로는 얻어지지 않는다. 이는 경청을 통해 길러지며, 반복되는 현장 경험 속에서 조금씩 훈련되는 감각이다. 말로 표현되지 않은 고객의 니즈를 감지하고, 그들의 관점에서 상황을 바라볼 수 있을 때, 비로소 우리는 고객의 현실에 닿게 된다.

때로는 고객의 말보다 더 많은 것을 그들의 침묵이 말해 주기도 한다. 이를 알아차릴 수 있는 사람은, 눈으로만 보는 것이 아니라 마음으로 보고 있는 사람이다. 마음으로 본다는 것은, 상대방을 판단하지 않고 열린 자세로 바라보며, 있는 그대로 받아들이는 것이다. 그렇게 해야만 고객도 자신의 진짜 생각을 열어 보여 줄 수 있다.

성공적인 영업은 단순히 제품을 많이 파는 것이 아니라, 고객의 신뢰를 얻고 관계를 맺는 일이다. 그러기 위해서는 고객을 대하는 눈을 달리해야 한다. 표면적인 정보에 머물지 않고, 그 이면을 꿰뚫어 볼 수 있어야 한다. 그리고 이 힘은 마음의 눈에서 비롯된다.

▶ 마음으로 본다는 것의 실천

마음으로 본다는 건 단순히 감성적으로 대응하거나 친절하게 대하는 걸 말하는 게 아니다. 이것은 전문성과 공감 능력이 결합된 실전 기술이며, 실제 영업 현장에서 반복 훈련을 통해 길러야 하는 역량이다.

1. 경청이 기본이다
영업 현장에서 마음으로 보기의 첫걸음은 진짜로 듣는 것이다.

- 고객의 말을 중간에 자르지 않고 끝까지 듣기
- 고객의 말하는 속도, 말투, 호흡에 맞춰 리듬을 맞추기
- 고객이 자주 쓰는 용어나 표현을 그대로 사용해 질문하고 답하기

이런 기본만 잘 지켜도 고객은 이 사람은 나를 이해하려고 한다는 느낌을 받습니다.

2. 말 뒤에 숨은 진짜 의미를 읽기
고객이 "예산이 좀 타이트해서요…"라고 말할 때, 어떻게 대응해야 할까?
고객이 이렇게 말하면 보통 영업사원은 '그럼 가격을 좀 깎아드려야 하나?'라는 생각부터 하게 된다. 하지만 잠깐 멈추고 다음을 먼저 생각해 보자:

1) 정말 예산이 부족한 걸까?
- 고객 예산 자체가 작아서 선택이 어려운 상황인지?
- 아니면 예산에 맞는 가치를 아직 못 느낀 것인지?

예산 문제는 단순히 돈이 없어서가 아니라,

'이 돈을 주고 살 만큼 정말 필요한가?'라는 의심이 숨어 있을 수 있다.

2) 가격만 낮추면 오히려 신뢰를 잃을 수도 있음, 가격부터 깎으면,
- 그럼 원래 마진을 많이 붙였나?
- 이 제품, 원래 그 정도 값어치가 아닌가?

라는 의심을 살 수 있다.

3) 그럴 땐 이렇게 접근해 보자
사양, 스펙 설명 줄이고
- 고객이 겪고 있는 문제를 먼저 확인하자.
- 그 문제를 이 장비가 어떻게 해결해 주는지 설명하자.
- 특히, 고객의 입장에서 얻는 이득을 강조하자.

예시)
○○ 부서에서 분석 속도가 너무 느려서 보고서 마감이 힘드시다고 하셨던 것 같습니다.
이 장비는 기존보다 분석 시간이 절반 이하로 줄어들어서, 그 문제를 직접 해결할 수 있습니다.

핵심 요약
- 예산이 타이트하다는 말은 가치에 대한 의문일 수 있다.
- 가격부터 깎지 말고, 문제 해결 중심으로 설명하라.
- 고객이 이 장비를 왜 써야 하는지 납득하게 만드는 게 먼저다.

3. 말보다 중요한 비언어적 신호

고객은 말보다 몸으로 더 많은 걸 이야기한다.

- 손을 만지작거린다.
- 자꾸 시선을 피한다.
- 핵심이 아닌 기술적인 세부사항에만 집중한다.

이런 행동은 보통 불안하거나 확신이 없을 때 나온다. 이럴 땐 강하게 밀어붙이기보다, "혹시 아직 확신이 안 드는 부분이 있으실까요?"처럼 부드럽게 대화의 여지를 열어 주는 말이 필요하다. 이런 대응은, 제품만 보는 눈으로는 절대 할 수 없다.

고객의 마음까지 보려는 태도가 있어야 가능한 일이다.

▶ 고객을 이해할 때 계약은 따라온다

많은 영업사원들이 실적에 쫓겨 제품 설명이나 가격 조건에 집중한다.
그러나 정작 고객이 마음을 여는 순간은 따로 있다.
그건 바로 내 입장에서 생각해 주는 사람을 만났을 때이다.
고객은 정보보다 이해를 원한다. 고객은 스펙보다도 이 제품이 나에게 어떤 도움이 되는가를 알고 싶어 한다. 그래서 진짜 영업은 설명보다 공감, 조건 제시보다 문제 해결이다.

예시로 보면…

고객: 이번 프로젝트 일정이 워낙 촉박해서…
영업사원 A: 그래서 지금 빨리 계약하셔야 합니다. X
영업사원 B: 일정을 먼저 맞추고, 그 안에서 가능한 설치/교육 방안을
함께 찾겠습니다. O

이 차이는 단순한 말투의 차이가 아니라, 고객을 진심으로 이해하려는 태도의 차이이다.
신뢰는 '내가 당신을 이해하고 있다'는 느낌에서 온다.
고객이 이 사람은 우리 상황을 제대로 파악하고 있다고 느끼는 순간, 계약은 그 신뢰의 연장선에서 자연스럽게 따라온다. 고객의 맥락 없이 하는 제안은 그냥 판매일 뿐이고, 고객의 입장을 고려한 제안은 진정한 해결책이 된다.

고객을 보는 법을 바꾸자

지각은 눈이 아니라 마음으로 하는 것이다. 영업도 마찬가지이다. 고객을 단순한 구매자로 볼 게 아니라, 고민하고, 책임지고, 결정해야 하는 한 사람으로 보는 것부터 시작해야 한다.

설득이 아니라 동행이다

영업은 고객을 판단하거나 재촉하는 일이 아니라 그가 서 있는 자리를 이해하고 함께 길을 찾는 동행의 과정이다.

실전 정리: 이렇게 질문하자

- 이번 도입 결정에서 가장 중요하게 보시는 건 무엇인가요?
- 그 부분이 고민이시군요. 그 고민을 덜어 드릴 수 있다면 어떤 방식이 가장 좋을까요?
- 이 제품이 고객님의 현장에 들어갔을 때, 어떤 일이 달라져야 한다고 보시나요?

이런 질문은 고객이 '이 사람은 나를 이해하려 한다'는 신뢰의 출발점이 된다.

Tip :
고객의 마음을 본 자만이, 고객의 선택을 얻을 수 있다.

▶ 중요한 장점을 3~5가지로 집중 설명하기

영업사원이 고객에게 장비를 설명할 때, 많은 경우 장비의 다양한 성능을 강조하며 10가지 이상의 장점을 길게 설명하는 경향이 있다. 이는 다양한 장점이 고객의 구매 결정에 긍정적인 영향을 줄 것이라는 믿음에서 비롯된다. 하지만 실제로는 경쟁이 치열한 환경 속에서 고객이 모든 장점을 한 번에 이해하기 어렵고, 오히려 핵심적인 요소만을 명확히 알고 싶어 하는 경우가 많다.

1. 핵심 장점을 강조하는 것이 중요한 이유

고객은 장비에 대한 이해를 쉽게 하고 싶어 하며, 명확하고 간결한 설명을 선호한다. 처음 방문 시 자사 제품의 장점을 열거하여 설명하고 2-3번 재방문 시에는 장비의 아주 중요한 3~5가지 핵심 장점을 집중적으로 설명하는 것이 효과적이다.

이를 통해 고객은 다음과 같은 이점을 얻을 수 있다.

- 장비의 핵심 성능을 명확히 이해할 수 있음
- 경쟁사 제품과 비교할 때 중요한 기준이 됨
- 필요한 정보만을 습득하여 구매 결정을 빠르게 내릴 수 있음

2. 경쟁사 제품과 비교 시 차별화 요소로 작용

고객은 내가 강조한 성능을 바탕으로 경쟁사 장비에도 동일한 성능을 요구하고 확인하는 경향이 있다. 따라서 내가 강조한 핵심 성능이 고객의 장비 선택 기준으로 자리 잡게 되며, 이는 고객이 우리 제품을 더욱 신뢰할 수 있도록 돕는다. 즉, 우리가 강조하는 성능이 시장에서 중요한 요소로 자리 잡게 되고, 궁극적으로 경쟁사 대비 차별화된 강점으로 작용할 수 있다.

3. 효과적인 설명 방식

장비 설명 시 다음과 같은 방식을 활용하면 효과적이다.

- 고객의 관심사와 니즈를 파악한 후 그에 맞는 핵심 장점을 설명

- 기술적 장점과 더불어 실질적인 고객의 이익(예: 비용 절감, 생산성 향상, 불량률 개선 등)을 중심으로 설명
- 시각 자료(사진, 실험데이터, 도표, 그래프 등)를 활용하여 직관적으로 전달
- 고객과의 반복적인 만남에서도 일관된 핵심 메시지를 전달하여 신뢰 형성

4. 결론: 효과적인 제품 설명 전략

제품 설명 시 장점을 많이 나열하는 것이 반드시 좋은 것은 아니다. 중요한 장점을 3~5가지로 압축하여 고객에게 지속적으로 설명함으로써, 고객이 보다 쉽게 이해하고 우리 제품의 차별성을 인식할 수 있도록 유도하는 것이 바람직하다. 또한, 고객이 경쟁사 제품과 비교할 때도 우리가 강조한 성능이 중요한 기준이 될 수 있도록 전략적으로 접근하는 것이 중요하다. 이를 통해 고객의 신뢰를 확보하고, 궁극적으로 판매 성과를 높일 수 있을 것이다.

B2B 영업에서 차별화 전략

1. 차별화의 중요성

B2B 영업에서 차별화는 고객이 장비를 선택하는 데 결정적인 요소가 된다. 경쟁사와의 차별화를 명확하게 구축하지 못하면 고객의 선택을 받기 어렵다. 따라서 자사가 취급하는 장비의 강점과 약점을 명확히 파악하고, 경쟁사 대비 우수한 부분을 부각하는 전략이 필요하다. 이를 통해 고객에게 신뢰를 주고, 선택을 유도할 수 있다.

2. 장비의 강점과 약점 분석

강점 분석: 자사 장비의 성능, 기술력, 유지보수 편의성, 가격 경쟁력(만약 가격 경쟁력이 있다면) 등을 객관적으로 평가하고, 이를 강점으로 활용한다.

약점 보완: 경쟁사 대비 부족한 부분을 인정하고, 이를 보완할 수 있는 기능과 서비스나 추가적인 가치를 제안한다.

경쟁사 분석: 주요 경쟁사의 제품 특징을 조사하여 보완점과 차별화할 수 있는 부분을 찾아 낸다.

3. 시각적 비교를 통한 차별화 전략

차별화를 효과적으로 전달하기 위해서는 고객이 직관적으로 이해할 수 있는 시각적인 자료가 필수적이다.

성능 비교 차트: 특정 품목의 성능의 특정 부문은 시각화의 자료가(데이터 사진 등) 필수적, 또한 수치상으로 차별화가 가능한 부분은 수치화하여 도표 및 그래프로 제시, 고객의 이해도를 높이는 데 도움.

비교 분석표: 자사 제품과 경쟁사 제품의 주요 기능을 한눈에 볼 수 있

도록 엑셀표로 정리하여 설명하고 제출한다.

사례 연구 및 데이터 제공: 실제 사용 사례를 들어(고객의 입증 사례, 장비성능 테스트 data) 자사 장비의 우수성을 입증한다. 고객은 장비의 성능 테스트를 요구하는 경우가 있으므로 이 당시 장비 성능을 테스트한 Data가 비교 우위를 판별하는 직접적인 증거가 될 수 있으므로(담당자가 윗선에 보고용) 장비의 성능이 가장 좋은 장소에서 성능 테스트를 해야지만 좋은 결과를 얻을 수 있다.

4. 효과적인 고객 커뮤니케이션

고객 맞춤형 제안: 고객의 요구사항을 파악하고, 그에 맞춘 차별화된 솔루션을 제안한다.

객관적 데이터 제공: 단순한 주장보다 실제 테스트 결과나 연구 데이터를 활용하여 신뢰도를 높인다.

비교 설명의 일관성 유지: 제품의 강점을 강조하되, 과장되지 않도록 객관적인 자료를 활용한다.

5. 결론

B2B 영업에서 차별화 전략은 단순한 마케팅 기법이 아니라, 고객이 자사 제품을 선택하도록 유도하는 핵심 요소이다. 경쟁사 대비 강점이 무엇인지, 또한 경쟁사의 단점이 무엇인지 명확하게 파악하고, 이를 시각적으로 효과적으로 전달함으로써 고객의 신뢰를 얻고, 최종 선택을 이끌어 낼 수 있다.

▶ 고객의 입장에서 생각하는 B2B 영업 전략

1. 고객은 좋은 장비보다 적합한 솔루션을 원한다
- 많은 영업사원들이 자사 제품의 기술적 우수성이나 성능을 강조하지만,
- 고객에게 중요한 것은 자사의 문제를 해결해 줄 수 있는지, 성과를 낼 수 있어 고객 자신에게 이익이 있는지이다.
- 고객은 장비 그 자체보다는, 그 장비를 통해 얻을 수 있는 이익(효율, 생산성, 신뢰성 등)에 관심이 있다.

2. 고객의 입장에서 접근하기

고객은 장비 구매를 결정하기 전에 명확한 필요성과 목표를 가지고 있다. 예를 들어, 연구소나 기업에서 새로운 분석 장비를 도입할 경우, A라는 특정 성능을 필요로 하고, 이에 부합하는 제품을 찾기 위해 영업사원과 상담을 진행한다. 이 과정에서 고객은 자사가 사용중인 제품 혹은 선호하는 제품뿐만 아니라 경쟁사의 제품도 검토하며, 특히 경쟁사 영업사원을 통해 자사가 사용중인 제품의 단점까지 듣게 된다. 따라서 영업사원은 단순히 자사 장비의 장점만을 강조하는 것이 아니라, 고객이 고려하는 모든 요소를 이해하고 대응하는 전략을 세워야 한다.

1) 고객의 입장에서 질문하라
- 이 장비가 고객의 현업 문제를 해결해 줄 수 있는가?
- 고객의 기술적 요구사항과 운영 환경에 잘 맞는가?

- 투자 대비 어떤 비즈니스 성과(ROI)를 기대할 수 있는가?

2) 판매보다 제안의 자세로 접근하라
- 이 장비가 왜 좋은가?보다 이 장비가 고객 상황에서 왜 최적의 선택인가?를 설명해야 한다.
- 고객이 처한 환경, 과제, 목표를 이해하고 그에 맞는 맞춤형 솔루션을 제시하자.

예시 질문을 활용한 고객 중심 영업 접근법:
- 현재 사용 중인 장비에서 해결하고 싶은 문제점이 무엇인가요?
- 경쟁사의 제품과 비교했을 때 가장 중요하게 생각하는 요소는 무엇인가요?
- 장비 도입 후 기대하는 성능 개선이나 비용 절감 목표는 무엇인가요?

이러한 질문을 통해 고객이 스스로 제품 선택의 기준을 정리할 수 있도록 도와주고, 자사 제품이 그 기준에 어떻게 부합하는지를 논리적으로 설명하는 것이 중요하다.

3. 경쟁사 대비 차별화 포인트 제시

고객은 여러 제품을 비교 분석하면서 최적의 선택을 하려 한다. 이때, 자사 제품이 제공하는 특장점이 고객에게 어떤 실질적인 이익을 줄 수 있는지 명확히 설명해야 한다. 단순한 기능적 우위보다는, 고객의 관점에서 경쟁사 대비 차별화된 강점을 강조하는 것이 중요하다.

성능 차별화: 동일한 가격대에서 더 높은 해상도, 더 좋은 성능, 더 빠른 분석 속도, 더 낮은 유지보수 비용을 제공하는지 설명

비용 절감: 장비의 총 소유 비용(TCO, Total Cost of Ownership)이 경쟁사 대비 유리한지 분석하여 제시

사용 편의성: 설치 및 유지보수의 용이성, 사용자 인터페이스(UI) 개선 여부 강조

사후 지원: 장비 구매 후 유지보수 서비스의 차별점, 신속한 A/S 대응 등.

TCO:

1. TCO 구성요소

TCO는 보통 다음 세 가지로 나눌 수 있다.

구분	내용	예시
구매 비용	제품/서비스의 초기 구입비	구매가, 설치비용 등
운영 비용	사용 중에 들어가는 비용	유지보수, 에너지 소비, 소모품, 인력비용 등
폐기/교체 비용	사용 후 발생하는 비용	폐기처리비용, 교체비용, 잔존가치 감가 등

2. TCO를 통한 비용 절감 포인트

항목	절감 전략	설명
구매비용	합리적 구매	단순 가격 비교가 아니라 내구성(장비의 고장 발생률에 따른 장비의 Down Time 비용), 성능, 보증 조건까지 고려하여 총비용 최적화
운영비용	효율성 향상	저 비용 소모품의 효율 제품, 유지보수 비용이 낮은 솔루션 선택

인건비 절감	자동화·최적화	작업시간 절감, 인력 리소스 최소화 (예: 원격관리 가능 장비)
수명 연장	품질 투자	초기 비용이 조금 높아도 수명이 길면 교체 주기를 늘려 장기비용 절감

3. 고객의 신뢰 확보가 최우선

단기적인 판매보다 장기적인 관계 형성이 중요하다. 고객의 입장에서 고민하고, 그들의 필요에 맞춘 솔루션을 제공할 때, 신뢰를 얻을 수 있다. 이는 향후 추가 장비 구매나 유지보수 계약 체결 등의 기회로 이어질 수 있다.

결론적으로, 만약 내가 고객이라면 어떤 제품을 선택할까?라는 질문을 스스로에게 던져 보는 것이 효과적인 영업 전략의 시작이다. 고객의 관점에서 사고하고, 자사 제품의 특장점이 고객의 이익과 연결되는 방식을 명확히 제시한다면, 성공적인 B2B 영업을 이끌어 낼 수 있을 것이다.

신뢰를 주는 파트너가 되어라

- 고객은 단순한 공급업체가 아니라, 성공을 함께 설계해 줄 파트너를 원한다.
- 기술적 지식도 중요하지만, 고객의 사업을 이해하려는 태도가 성패를 좌우한다.

▶ 고객은 왜 장비를 구매하는가?

고객의 구매 결정은 이익을 중심으로 움직인다

사람은 누구나 자신의 이익에 기반하여 행동하게 되어 있다. 고객이 특정 장비를 구매할 때도 예외는 아니다. 특히 고객이 장기간 사용하던 장비를 계속 구매하는 이유 역시 익숙함만으로 설명할 수는 없다.

중요한 것은 그 장비를 사용함으로써 고객이 얻는 실질적인 이익이 무엇인가를 영업 담당자가 명확히 이해하는 데 있다.

고객이 기존 장비를 선호하는 이유

1. 내부 검증을 이미 마친 제품
   - 오랜 기간 사용되면서 회사 내부에서 검증되었고, 타 부서나 동료들의 신뢰도 확보된 제품이다.
   - 새 제품을 도입할 경우 발생할 수 있는 성능 불만, 기술적 문제, 내부 평가 등의 투자 리스크를 회피할 수 있다.

2. 사용자 간 성능 균일화 가능
   - 동일 장비를 쓰는 만큼, 사용자 간 성능 차이를 줄일 수 있고 교육 부담이 적으며 효율적인 운영이 가능한다.

3. 기존 공급사와의 관계 유지
   - 장기간 거래로 쌓아 온 신뢰와 협력 관계는 고객에게 안정감을 준다.

▶ 자사 제품을 기존 장비 대신 판매하려면?

　기존 제품을 대체하기 위해서는 단순히 가격이나 기술적 특징만 강조해서는 안 된다. 고객이 해당 장비를 선택함으로써 얻을 수 있는 구체적인 이익을 중심으로 접근해야 한다.

1. 성능
- 기존 제품과 동등하거나 그 이상의 성능을 제공해야 한다.
- 실제 데이터를 기반으로 한 비교 자료나 고객사에서의 성능 검증 사례를 제시하여 신뢰를 확보해야 한다.

2. 사용 편의성
- 사용자가 기존 장비를 다루듯 자연스럽게 전환할 수 있는 UI/UX 또는 워크플로우가 제공되어야 한다.
- 기존 장비 대비 더 나은 사용자 경험을 제시할 수 있다면 더욱 효과적이다.

3. 고객의 성공에 기여
- 자사 제품을 사용한 후 고객이 조직 내에서 성과를 인정받을 수 있는 상황을 만들어 주는 것이 중요하다.
- 예:
→ 데이터 품질 향상
→ 처리 속도 개선

→ 문제 해결 사례
- 이로 인해 고객은 투자 잘했다는 평판을 얻게 되고, 개인적으로도 긍정적 평가를 받게 된다.

4. 조직 전체의 이익
- 자사 장비 사용으로 인해 전체 품질 개선, 시간 단축, 생산성 향상 등의 효과가 입증되면, 회사 전체의 이익으로 이어지게 된다.
- 원활한 장비 유지보수 및 비용절감
- 예를 들어 장비 성능 덕분에 새로운 고객을 유치하거나, 연구 결과가 향상되어 프로젝트 수주에 유리하게 작용할 수 있다.

결론: 고객과 조직 모두의 이익을 설계하라

자사 장비를 판매하고자 한다면, 단순히 기술을 강조하는 것을 넘어서야 한다.

고객 개인이 성과를 인정받고, 조직 전체가 성과와 이익을 누릴 수 있도록 설계된 메시지를 전달해야 한다.

즉, 이 제품을 도입하면 당신도, 당신 회사도 성공한다는 확신을 심어줘야 한다.

이런 사고 방식과 접근이 영업사원의 진짜 경쟁력이며, 기존 제품을 이기는 전략이 될 수 있다.

▶ B2B 영업에서 경쟁사의 전략 이해와 대응 방안

B2B 영업에서는 시장의 고객이 제한적이므로, 경쟁사와의 지속적인 경쟁이 불가피하다. 따라서 영업사원은 경쟁사의 전략을 명확히 이해하고 이에 효과적으로 대응하는 능력을 갖추는 것이 필수적이다. 특히 경쟁사 영업사원은 우리 제품의 단점을 부각하고, 자사 제품의 장점을 강조하는 방식으로 고객을 설득하려 할 것이다. 이를 효과적으로 대응하기 위해 다음과 같은 전략이 필요하다.

1. 경쟁사의 영업 전략 분석

경쟁사의 영업사원은 고객과의 대화를 통해 다음과 같은 방식으로 자사 제품의 단점을 부각하려 할 가능성이 높다.
- 기술적 비교: 성능, 내구성, 기능 등의 차이를 강조하며 우리의 제품을 상대적으로 낮게 평가함.
- 가격 경쟁: 가격이 더 합리적이며 비용 대비 효과가 뛰어나다는 점을 부각함.
- 서비스 및 유지보수: 경쟁사가 제공하는 유지보수 서비스가 더 우수하다는 점을 강조함.
- 시장 점유율 및 신뢰도: 더 많은 고객이 선택했다는 점을 이용해 신뢰를 확보함.

이러한 전략을 파악하고 이에 대응하는 것은 고객의 신뢰를 얻고, 효과적인 영업을 전개하는 데 중요한 역할을 한다.

2. 경쟁사가 부각할 수 있는 자사 제품의 단점 예측

우리 제품의 특성과 시장 내 포지셔닝을 분석하여, 경쟁사가 부각할 가능성이 높은 단점을 사전에 예측할 수 있다.

- 기술적 한계: 특정 기능이 경쟁사 제품보다 부족하거나 최신 기술이 반영되지 않았을 가능성.
- 가격 문제: 자사 제품이 경쟁 제품보다 상대적으로 더 합리적이라 할 가능성.
- 서비스 체계: 유지보수나 고객 지원이 미흡하다는 점을 부각할 가능성.
- 브랜드 인지도: 글로벌 경쟁사 대비 브랜드 인지도가 낮아 신뢰성이 부족하다고 주장할 가능성.

3. 효과적인 대응 전략 수립

경쟁사의 주장을 예상하고 미리 준비하면, 고객과의 상담 시 신뢰를 확보할 수 있다.

- 차별화된 강점 강조: 경쟁 제품과의 차별점을 정확히 분석하여, 우리가 우위에 있는 부분을 적극 강조.
- 고객 맞춤형 제안: 고객의 니즈에 맞춰 제품의 강점을 부각하고, 특정 약점이 큰 문제가 되지 않음을 설명.
- 비교 자료 제공: 객관적인 데이터를 기반으로 경쟁사 제품과의 비교를 제공하여 신뢰도 확보.
- 사전 대응 교육: 자사 영업팀이 경쟁사의 주장을 효과적으로 반박할 수 있도록 교육과 훈련 강화.

4. 결론

경쟁사 영업사원의 전략을 이해하고 이에 대한 효과적인 대응을 준비하는 것은 B2B 영업에서 성공을 좌우하는 중요한 요소이다. 경쟁사가 자사 제품의 단점을 어떻게 부각할지를 예측하고 이에 대한 명확하고 흔들림 없는 대응 논리를 미리 준비한다면, 고객에게 신뢰를 줄 수 있으며 장기적인 관계를 구축하는 데 큰 도움이 될 것이다. 영업사원은 시장과 경쟁사의 전략을 끊임없이 분석하면서도, 자신만의 원칙과 판단 기준을 세워야 한다. 그럴 때 비로소 고객은 그 영업사원을 믿을 수 있는 파트너로 받아들이게 되고, 이는 장기적인 관계와 성공으로 이어지게 된다.

▶ 효과적인 비교표 작성 가이드

1. 비교표의 목적

비교표(Comparison Table)는 고객이 장비 또는 제품 간의 차이를 명확히 이해할 수 있도록 도와주는 도구이다. 특히 고객이 내부 보고서를 작성할 때, 이를 근거로 하여 부장 및 임원진에게 신속하게 의사결정을 요청할 수 있다. 그러나 기업 내 임원들은 직원들이 제출하는 많은 문서를 꼼꼼히 검토할 시간이 부족하므로, 비교표는 간결하면서도 핵심적인 정보를 전달해야 한다.

2. 비교표 작성 시 유의사항
- 간결하게 정리: 비교표가 10페이지 이상이면 고객이 핵심 사항을 파악하기 어려워진다. 가능하면 2-3페이지 내로 정리하여 가독성을 높

인다.
- 핵심 정보 중심: 너무 많은 기술적 사양을 나열하기보다, 고객이 가장 중요하게 여기는 차별화 요소(예: 성능, 가격, 유지보수 비용 등)를 강조해야 한다.
- 시각적 구성 최적화: 표를 활용하여 직관적으로 정보를 전달하고, 강조할 내용은 색상이나 굵은 글씨로 표시하여 가독성을 높인다(필요 시 사진 첨부).
- 비교 기준 명확화: 비교 대상 제품의 주요 평가 기준을 정하고 일관되게 비교한다.

3. 효과적인 비교표 예시

항목	제품 A	제품 B	제품 C
핵심 기능	고해상도 이미지 처리	중간급 성능	저렴한 가격
가격	1억 원	8천만 원	6천만 원
유지보수 비용	연 500만 원	연 400만 원	연 300만 원
사용 편의성	자동화 기능 포함	일부 수동 조작 필요	완전 수동 조작
A/S 지원	24시간 응답	영업일 기준 48시간	72시간 내 응답

이처럼 핵심 차이를 한눈에 파악할 수 있도록 구성하면, 고객은 필요한 정보를 빠르게 습득하고, 이를 기반으로 보고서를 쉽게 작성할 수 있다.

4. 비교표 활용의 효과
- 고객의 이해도 향상: 핵심 차이점을 빠르게 파악할 수 있어 내부 보고서 작성이 용이함.
- 임원진의 신속한 승인 가능: 고객이 비교표를 활용하여 보고서를 제

출하면, 임원진도 내용을 빠르게 이해하고 진행 결정을 내릴 수 있음.
- 고객 만족도 증가: 고객이 내부 보고 시 불필요한 수정이나 보완 요청을 줄일 수 있어 신속한 의사결정이 가능함.

결론

비교표는 단순한 데이터 나열이 아니라, 고객의 의사결정을 돕기 위한 전략적 자료이다. 따라서 불필요한 정보를 제거하고, 핵심 내용을 강조하여 2-3페이지 내에 정리하는 것이 가장 효과적이다. 이를 통해 고객과 임원진이 모두 명확하게 이해하고 신속한 결정을 내릴 수 있도록 지원할 수 있다.

▶ 포기하지 마라: 지속적인 방문과 관계 형성의 중요성

영업을 하다 보면, 고객이 이미 경쟁사 제품에 호감을 보이는 경우가 많다. 심지어 재방문 시 고객이 영업사원의 방문을 꺼려하며 이미 경쟁사 제품을 구매할 예정이라고 말하는 경우도 있다. 이러한 상황에서 일부 영업사원은 쉽게 포기할 수도 있지만, 오히려 이럴 때일수록 끈기를 가지고 지속적으로 고객을 방문하는 것이 중요하다.

고객에게 자사 제품의 차별점과 장점을 꾸준히 설명해야 한다. 경쟁사 제품과 어떤 부분이 다른지, 자사 제품을 선택하면 어떤 이익이 발생할 수 있는지를 지속적으로 강조하면 고객의 관심을 다시 끌어올 수 있다. 물론, 고객이 이미 확고하게 경쟁사 제품을 선택했다면 판매가 어려울 수 있다. 그러나 지속적으로 방문하며 고객과 관계를 형성하다 보면, 어느 순간 고객은 영업사원의 열정을 높이 평가하게 된다. 이 과정에서 신뢰가 쌓이고 관계가 발전하며, 결국 자사 제품의 판매 기회가 생길 가능성이 커진다.

설령 판매가 실패하더라도 고객에게 자사 제품의 특장점을 인식시켜 놓았다면, 향후 장비 구매 계획을 세울 때 자사 제품을 더 세밀하게 검토할 수 있는 기회가 생긴다. 영업은 단기적인 성과에만 집중하는 것이 아니라 장기적인 관계를 지속적으로 만들어 나가는 과정이다. 끈기 있는 방문과 꾸준한 소통이 결국 영업 성공으로 이어질 것이다.

▶ B2B 영업에서 장비 판매와 지속적인 고객 관리 전략

1. 장비 구매의 지속성

B2B 영업에서 장비(제품)는 일회성 판매로 끝나는 것이 아니라, 고객의 업무 확장과 장비의 노후화에 따라 지속적으로 구매가 이루어진다. 주요 고객층은 다음과 같다.

- 기업: 중소기업, 중견기업, 대기업
- 교육기관: 대학교 및 연구소
- 정부기관: 정부출연 연구소 및 공공기관

이들 고객은 장비를 도입하여 업무에 활용하며, 시간이 지나면서 새로운 장비를 추가 구매하거나 기존 장비를 교체하게 된다. 일반적으로 장비의 수명은 10년 내외이며, 이 시점이 되면 노후 장비 교체 수요가 발생한다. 따라서 장비를 판매한 후에도 고객과 지속적인 관계를 유지하는 것이 중요한다.

2. 경쟁사 장비 구매 고객과 자사 장비 구매 고객의 구분

고객을 효과적으로 관리하기 위해서는 자사 장비를 보유한 고객과 경쟁사 장비를 사용 중인 고객을 명확하게 구분해야 한다. 이 두 그룹에 대한 관리 전략은 다음과 같다.

- 자사 장비 보유 고객:
→ 정기적인 점검 및 유지보수 지원
→ 추가 장비 구매 가능성 모니터링
→ 주기적으로 고객에게 접촉하여 관심포인트 체크.
→ 새로운 정보 제공, 새로 출시된 제품 및 software, 논문, application 자료 등
→ 재투자 계획이 있을 경우, 빠르게 대응하여 신규 장비 제안

- 경쟁사 장비 보유 고객:
→ 꾸준한 관심과 커뮤니케이션 유지
→ 새로운 정보 제공, 새로 출시된 제품 및 software, 논문, application 자료 등
→ 경쟁사 장비의 한계점 분석 및 대체 제안
→ 향후 신규 장비 구매 시 자사 제품 검토 가능성 확보

이러한 분류를 통해 각 고객에게 맞는 전략적인 접근이 필요하며, 단순한 판매 활동이 아닌 장기적인 고객 관리가 핵심이다.

3. 지속적인 고객 관리의 중요성

고객과의 관계가 원활해야 재투자 계획이 있을 때 영업사원에게 먼저 연락하여 장비를 검토할 가능성이 높아진다. 반면, 고객 관리가 소홀하면 경쟁사의 장비를 검토하는 데 더 많은 시간을 할애할 수 있으며, 이는 자사 장비 판매에 부정적인 영향을 미친다.

장비 영업에서 비록 한 번의 판매 기회를 놓쳤더라도, 해당 고객을 꾸준히 관리하고 관심을 보이면 다음 기회에서 성공할 가능성이 높아진다. 따라서 장비 판매는 단기적인 실적뿐만 아니라 장기적인 고객 관계 구축을 목표로 삼아야 한다.

4. 결론

장비 판매는 단순한 일회성 거래가 아니라, 고객의 신뢰와 마음을 얻는 과정이다. 고객은 제품이 아니라 사람을 보고 거래를 결정하며, 그 결정에는 감정과 기대, 경험이 복합적으로 작용한다. 따라서 영업사원은 고객의 장비 사용 주기와 니즈를 깊이 이해하고, 자사 및 경쟁사 장비 보유 고객을 명확히 구분하여 맞춤형 접근 전략을 세워야 한다.

실패한 영업도 끝이 아니라, 다음 기회를 준비하는 관계의 시작일 수 있다. 고객과의 관계는 거래가 아닌 신뢰로 이어질 때 비로소 의미를 갖는다. 영업은 단순한 수치 게임이 아닌, 사람의 마음을 움직이는 심리적 교감이며, 한 사람의 인격과 철학이 드러나는 과정이기도 하다.

따라서 영업사원은 언제나 '이 고객과 나는 어떤 관계를 만들고 싶은가?'라는 질문을 스스로에게 던지며, 단기 성과에 흔들리기보다 장기적 신뢰 구축과 관계 유지를 최우선 과제로 삼아야 한다. 그러한 자세야 말로 결국 가장 강력한 영업 전략이 된다.

▶ Key Man을 찾아 비즈니스를 진행하라

1. B2B 영업의 고객 분류
B2B 영업에서는 고객을 다음과 같이 구분하여 접근할 필요가 있다.

- 학교 및 연구소
- 정부출연 연구소
- 중소기업
- 중견기업 및 대기업

각 고객군마다 의사결정 구조가 다르므로 이를 명확히 이해하고 영업 전략을 수립해야 한다.

기업과의 진행 방향

1. 대리급 직원과의 첫 접점
영업사원은 일반적으로 대리급~과장급 실무자를 통해 장비 관련 자료나 제안서를 전달한다. 이 단계에서 실무자는 필요한 정보를 수집하고 내부 보고서를 작성하여 상위 관리자에게 전달한다. 따라서, 이 접점에서는 제품의 기술적 장점, 신뢰도, 타사 대비 차별성을 명확하게 전달해야 하며, 실무자가 쉽게 보고 자료를 구성할 수 있도록 자료의 체계성과 설득력이 중요하다.

2. 결정권자의 역할 및 중요성

실제 장비 구매의 최종 결정권자는 일반적으로 수석(책임 연구원 또는 부장급) 이상, 때로는 이사급에서 이루어진다. 실무자와의 관계만으로는 정보의 왜곡, 전달 누락, 우선순위 밀림 등의 이유로 영업 기회를 놓칠 위험이 존재한다. 따라서 일정 시점에서는 결정권자 또는 영향력 있는 관리자와의 직접적인 접촉이 필수적이다.

성공적인 영업 진행 방향

1) 단계별 타겟 전략 초기: 실무자에게 기술적 신뢰와 필요성 심기(기초 정보 제공 및 니즈 파악)

중기: 실무자의 내부 설득을 지원할 수 있는 자료 및 논리 제공 (ROI, 경쟁사 비교 등)

후반: 결정권자와의 직접 미팅 요청, 또는 실무자를 통해 간접적 의사전달 채널 확보.

2) 영향력자(Influencer) 맵핑 고객 조직 내 공식적인 의사결정자 외에도, 비공식적으로 의견이 반영되는 인물(예: 오랜 경력의 과장, 사용 책임자 등)을 파악해 이들과의 관계를 강화해야 한다.

3) 내부 보고자료용 콘텐츠 제공, 실무자가 내부 보고 시 활용할 수 있

는 PPT 템플릿, 도식화된 자료, 가격 비교표, 등을 제공하여 내부 설득력을 높여 준다.
4) 경영적 관점의 제안, 최종 결정권자는 기술보다는 예산, 리스크, 도입 후 효과에 관심이 많다. 따라서 경영적 효과(생산성 향상, 유지비 절감 등) 중심의 메시지를 강화할 필요가 있다.
5) 장기적 관계 구축, 단기 성과보다는 신뢰와 관계 중심의 영업으로, 고객 조직 내 복수의 접점을 확보해 외부 요인(인사 이동 등)에 흔들리지 않는 기반 마련이 중요하다.

3. Key Man을 찾아야 하는 이유
- 첫 만남에서 영업을 진행하다 보면 자사 장비가 최종 선택에서 배제되는 경우가 발생할 수 있다.
- 경쟁사의 장비가 선택된 이유를 모른 채 영업에 실패하는 상황이 발생할 수 있다.
- 최종 의사결정권자를 만나 자사 장비의 장점과 차별점을 직접 설명해야 한다.

4. Key Man을 찾는 방법

1) 사내 네트워크 파악
- 대리급 직원을 통해 상위 관리자의 정보를 수집한다.
- 내부 조직도를 확인하고 주요 의사결정자의 포지션을 파악한다.

2) 업계 정보 활용
- 기존 거래처나 업계 네트워크를 통해 Key Man의 정보를 얻는다.
- 이전 구매 이력을 분석하여 의사결정 패턴을 파악한다.

3) 공식적인 접촉 기회 마련
- 세미나, 전시회, 기술 미팅 등을 활용하여 Key Man과의 접촉을 시도한다.
- 공식적인 장비 데모 또는 프레젠테이션을 요청하여 직접 설명할 기회를 만든다.

5. Key Man을 대상으로 한 효과적인 영업 전략
- 명확한 장비 차별화 포인트 제공
→ 자사 장비가 고객에게 제공할 수 있는 명확한 이점을 정리하여 전달한다.
→ 경쟁사 대비 차별화된 기술적 우위를 강조한다.
- ROI(투자 대비 효과) 강조
→ 장비 도입 후 고객이 얻을 수 있는 생산성 향상, 유지보수 비용 절감 등의 실질적인 이득을 수치화 하여 제시한다.

ROI는 Return on Investment의 약자로, 투자 대비 수익률을 의미한다. 쉽게 말해, 어떤 투자에서 얼마나 많은 이익을 얻었는지를 측정하는 지표이다.

ROI 계산 공식:

ROI = (순이익 (이익 - 비용) 투자 비용) × 100ROI

예를 들어,

- 1억 원을 투자해서 2억 원을 벌었다면, 순이익은 **1억 원**이고,
- ROI는 '(1억 원/1억 원) × 100 = 100%'가 된다.

ROI가 높을수록 투자 효율이 좋은 것이고, 낮거나 마이너스(-)라면 손해를 본 것이다.

사업, 마케팅, 부동산 투자 등 다양한 분야에서 사용된다.

결론

Key Man을 찾고 그들과 직접 소통하는 것은 B2B 영업의 성공을 위한 필수 전략이다. 대리급 직원과의 접촉만으로는 최종 구매 결정에 영향을 미치기 어려움으로, 반드시 책임급 이상의 결정권자를 만나 자사 장비의 가치를 전달해야 한다. 이를 통해 영업의 성공 가능성을 높이고, 장기적인 비즈니스 관계를 구축할 수 있다.

정부출연연구소의 제품 검토 및 도입 프로세스 이해

정부출연연구소에서의 제품 검토 및 도입은 일반적인 기업의 구매 절차와는 다른 특성을 갖고 있다. 통상적으로, 연구소 내에서는 선임급 혹은 책임급 연구원이 해당 제품의 도입 여부에 대한 주도적인 판단과 책임을 지는 구조로 운영된다. 이들은 연구소의 연구 방향과 필요성에 부합하는지 여부를 중심으로 제품을 직접 검토하며, 구매 결정 과정 전반을 이끈다.

제품 검토 과정에서 책임 연구원은 독자적으로 판단하지 않고, 같은 부서 내 다른 연구원들과 긴밀히 의견을 교환하며 비교 평가를 진행한다. 이 과정에서는 각 제품의 기술적 특성, 응용 가능성, 기존 시스템과의 호환성, 유지보수 편의성 등 다양한 측면이 논의되며, 최종적으로 연구소의 목적에 가장 적합한 제품이 선택된다.

이러한 이유로, 초기 대응이 매우 중요하다. 제품 검토의 주체가 되는 책임 연구원이 첫 단계에서 긍정적인 인상을 받거나 제품의 강점을 충분히 이해하게 된다면, 내부 논의에서도 해당 제품이 우위에 설 가능성이 높아진다. 반대로 초기 대응이 부족하거나 정보 제공이 미흡한 경우, 다른 제품에 비해 불리한 위치에 놓이게 된다.

따라서, 정부출연연구소를 대상으로 한 영업 활동에서는 다음과 같은 접근이 중요하다:

- 제품의 기술적 차별성과 연구소 적용 가능성을 명확히 설명할 수 있는 자료 준비
- 초기 접촉 단계에서 책임 연구원의 요구와 관심 분야를 정확히 파악하고 대응

- 제품 시연 또는 테스트 요청 시, 성실하고 신속한 기술 지원 제공
- 내부 검토 과정을 고려한 장기적인 관계 구축 전략 수립

정부출연연구소는 단순한 거래처가 아니라, 연구개발 파트너로서의 접근이 요구되는 고객이다. 이를 이해하고 초기 대응부터 신뢰를 형성해 나가는 것이 성공적인 영업 활동의 핵심이다.

▶ 대학교 공동실험실습관의 제품 선정 방식과 효과적인 영업 전략

대학교 공동실험실습관에서는 일반적으로 제품 담당 실무자(선생님)들이 각 업체로부터 자료를 수집하고, 공동실험실 센터장(교수님)에게 보고하는 방식으로 제품 선정 절차가 진행된다. 이 과정에서 실무자들은 제품에 대한 정보뿐 아니라, 시료 테스트 결과나 장비의 실제 성능 데이터를 함께 취합하여 센터장님에게 전달한다.

제품 최종 선정 단계에서는 교수님 및 실습관 사용자들이 참석한 자리에서 각 업체가 순차적으로 프레젠테이션(PPT)을 진행한다. 이 자리에서는 제품의 특장점, 테스트 결과, 유지보수 계획 등 다양한 요소를 설명하게 되며, 교수님과 실무 담당자들의 평가 점수에 따라 제품이 최종 선정된다.

이러한 프로세스에서 가장 중요한 점은 PPT 설명의 질과 영업 담당자의 대응 능력이다. 단순한 기능 설명을 넘어서, 실습관의 필요와 관심사를 사전에 파악하고, 고객의 요구에 맞는 맞춤형 설명을 진행하는 것이 성패를 좌우한다. 사용자의 관점에서 제품의 장점을 부각시키고, 경쟁 제

품 대비 차별화 포인트를 명확히 전달할 수 있어야 한다.

또한, 공동실험실습관의 실무 담당 선생님들과의 관계 관리도 중요한 전략 포인트다. 이들은 제품 선정 과정 전반에 걸쳐 중요한 역할을 하며, 비공식적인 조언이나 내부 분위기에 영향을 줄 수 있는 인물들이다. 평소에 성실하고 신뢰감 있는 커뮤니케이션을 지속하며 관계를 잘 다져 놓으면, 제품 선정 과정에서 실질적인 도움을 받을 수 있는 경우가 많다.

핵심 포인트 요약:
- 제품 설명 시, 공동실험실습관의 니즈를 정확히 파악하고 반영
- 시료 테스트 결과 및 비교 자료를 명확히 전달할 수 있도록 준비
- PPT 발표의 매끄러운 진행과 Q&A 응대 능력이 경쟁력의 핵심
- 담당 실무자 선생님과의 관계 유지가 장기적인 신뢰 구축에 중요

공동실험실습관은 주기적으로 장비를 도입하는 곳이기 때문에, 영업사원의 전략적 접근과 관계 관리 능력이 매우 중요하다. 이 점을 인식하고 철저히 준비하는 자세가 수주 성공으로 이어진다. 또한, 이곳의 연구소 장비 담당자들은 기존에 사용하던 브랜드에 대한 신뢰와 만족도가 높아, 특별한 문제가 없는 한 기존 브랜드를 계속 사용하는 경향이 있다. 따라서, 장기적인 관계를 유지하고 기존 장비에 대한 만족도를 지속적으로 관리하는 것이 핵심 마케팅 전략이 될 수 있다.

공동 실험실습관 내 경쟁사 장비 사용 고객 대상 전략

1. 업종별 성공 사례 전달

고객이 속한 업종(예: 반도체, 바이오, 소재 등)에서 당사 장비를 도입한 사례를 정리해 전달한다.

도입 배경 → 사용 방법 → 주요 성과(생산성 향상, 정확도 증가, 유지비 절감 등)을 스토리 형식으로 설명한다.

예시 자료나 요약 프린트지를 준비해 직접 방문 시 간단 설명과 함께 제공하자.

Tip: "○○업계의 ○○사도 기존 장비에서 저희 장비로 전환하면서 분석 효율이 ○배 늘었다고 합니다."라고 구체적으로 전달.

사례 연구 및 레퍼런스 제공의 중요성

유사한 연구소, 기업 및 공동실험실습관에서 성공적으로 도입한 사례를 공유하면 신뢰도를 크게 높일 수 있다. 고객은 같은 업종에서 자사 장비를 사용하고 있다는 정보를 접할 때 더욱 신뢰를 갖게 되며, 실제 사례를 통해 장비의 성능과 효과가 검증되었음을 확인할 수 있다.

또한, 자사 장비를 사용하여 도출된 구체적인 결과치를 제시하면 고객은 해당 상비의 신뢰성을 더욱 확신하게 된다. 이를 바탕으로 고객은 검토 중인 장비를 활용하여 경쟁사보다 더 나은 성과를 내고 싶어 하는 동기를 가지게 된다.

2. 수치 기반 비교 자료 제공

당사 장비 도입 전후의 측정 데이터, 처리 속도, 분석 정확도 등을 비교한 전/후 수치 자료를 활용한다.

이 수치는 고객사에서 직접 측정한 것이라고 신뢰를 높이는 멘트를 덧붙이다.

엑셀 기반 간단한 비포-애프터 리포트나 비교 PPT를 준비해 두면 좋다.

Tip: "기존에는 분석에 3시간 걸렸지만, 우리 장비는 1시간 내외로 끝났습니다."

3. 고객 인터뷰/피드백 활용

기존 고객의 만족 후기나 인터뷰 내용(이메일, 동영상, 텍스트 등)을 소개하자.

특히, 실사용자의 직책과 담당 업무를 함께 소개하면 현장감이 올라간다.

Tip: "분석실 실무자가 직접 이런 피드백을 줬습니다."— "○○에서 이 기능이 정말 도움이 됐어요."

4. 경쟁 장비 대비 비교 자료 제시

경쟁 장비와 기능, 성능, 유지 관리 측면에서 어떤 차이가 있는지 비교표 형태로 설명한다.

단순 비방이 아니라, 객관적 수치와 기능 중심으로 접근하자.

차별화된 기술(예: 자동화 기능, 멀티 샘플 처리 등)은 구체적 사용 시나리오와 함께 제시한다.

Tip: "경쟁 장비는 이 기능이 수동인데, 우리는 자동화되어 있어 반복 실험 시 편차가 적습니다."

결론
이러한 자료와 커뮤니케이션 방식은 단순한 영업이 아니라 신뢰 기반의 컨설팅 접근을 가능하게 한다.

중요한 것은 고객에게 일방적으로 제품을 권유하는 것이 아니라, 고객 스스로 변화의 필요성을 느끼게 하고 교체해도 되겠다는 마음을 가지게 하는 것이 목표이다. 이 과정은 단순한 정보 전달이 아니라, 고객의 입장에서 함께 공감하고 솔루션을 찾아가는 전략적 동행의 과정이다.

▶ 불만 고객의 말을 경청하라

영업을 하다 보면 기존 자사 장비를 사용하고 있는 고객이 영업사원에게 불만을 토로하는 경우가 있다. 일반적으로 고객은 자사 엔지니어에게 직접 불만을 전달하기 어려워하는데, 그 이유는 두 가지다.

엔지니어에 대한 부담감
고객은 엔지니어에게 장비의 문제점이나 서비스에 대한 불만을 직접 이야기하면, 오히려 엔지니어가 장비 서비스에 신경을 덜 쓸까 봐 걱정한다. 이로 인해 고객은 불만을 영업사원에게 털어놓는 경우가 많다.

영업사원에 대한 심리적 거리감 부족
고객은 영업사원이 을의 입장에 있다고 생각하기 때문에 상대적으로 부담 없이 다양한 불만을 이야기하게 된다. 이는 단순한 불만 표출이 아니라, 영업사원이 고객의 목소리를 들어 주길 바라는 심리에서 비롯된다.

이때, 영업사원의 역할이 매우 중요하다. 단순히 불만을 듣고 넘어가는 것이 아니라, 다음과 같은 태도를 보이면 고객과의 신뢰 관계를 더욱 견고히 할 수 있다.

1. 고객의 말을 경청하고 공감하라
- 고객이 불만을 말할 때 방어적인 태도를 보이지 않고 끝까지 경청한다.
- 고객의 입장을 이해하고, 적절한 공감의 표현을 한다. 예를 들어, "그런 일이 있었군요. 충분히 불편하셨겠습니다."와 같은 말이 도움이 된다.

2. 고객을 안심시키는 자세를 갖춰라
- 불만 사항을 단순히 듣고 넘어가는 것이 아니라, 고객이 신뢰할 수 있도록 "제가 회사 내부에서 이 문제를 잘 전달하고 해결 방향을 찾아보겠습니다."와 같이 해결 의지를 보여 준다.
- 문제 해결 과정을 고객과 공유하여, 고객이 자신의 불만이 단순히 접수되는 것이 아니라 실제로 반영되고 있다고 느끼게 한다.

3. 문제를 고객의 입장에서 해결하려는 태도를 보이라
- 고객이 제기한 불만 사항이 단순한 서비스 불만인지, 장비 성능의 한계 때문인지 정확히 파악한 후 적절한 해결 방안을 제시한다.

- 서비스 개선이 필요한 부분이라면 엔지니어와 협의하여 개선 요청을 전달하되, 고객이 부담을 느끼지 않도록 중간에서 조율한다.

이러한 태도를 유지하면, 고객은 영업사원에 대한 신뢰와 호감을 더욱 가지게 된다. 그리고 이는 다음 영업 기회에서 긍정적인 영향을 미쳐 더 좋은 결과를 만들 수 있는 기반이 된다.

결국, 고객의 불만을 듣는 것은 단순한 불만 접수가 아니라, 장기적인 고객 관계를 구축하고 비즈니스 성과를 향상시키는 중요한 과정임을 명심해야 한다.

▶ 습관이란 무엇인가?

습관은 단순한 반복 행위가 아니다. 그것은 시간이 축적되며 우리 의식 깊숙이 스며든 행동의 자동화다. 특정한 상황이나 자극(단서)에 반응하여 의식적인 결정 없이도 나타나는 반응이며, 이는 뇌가 에너지를 절약하기 위해 선택한 효율성의 한 형태다.

예를 들어, 아침에 눈을 뜨자마자 스마트폰을 확인하거나, 식사 후 무의식적으로 커피를 찾는 행동은 단순한 선택이 아니라, 이미 내면에 자리 잡은 행동의 경로가 작동한 결과이다. 즉 습관은 무의식적으로 반복되는 행동을 통해 형성되며, 결국 의식하지 않아도 자연스럽게 나타나는 자동 반응으로 자리 잡는다. 이것이 바로 습관의 본질이다.

습관의 작동 메커니즘
습관은 보통 다음과 같은 3단계로 작동한다:

1. 단서(Cue): 습관을 유발하는 외부 자극(예: 아침 시간, 피곤함)
2. 행동(Routine): 자동으로 반복되는 행동(예: 커피 마시기)
3. 보상(Reward): 행동 후 얻게 되는 만족감(예: 각성, 기분 전환)

이 구조가 반복되면 뇌는 행동을 "자동화"하여 에너지를 절약하려고 한다.

습관의 힘
- 습관은 우리의 대부분의 행동을 지배한다. 우리가 무엇을 먹고, 어떤 브랜드를 쓰며, 어떤 경로로 출근하는지까지도 대부분 습관에 의해 결정된다.
- 한 번 형성된 습관은 의식적인 노력 없이도 반복되며, 이를 바꾸는 것은 쉽지 않다.

마케팅과 습관: 시장에서의 활용
- 모든 시장에서의 성공은 고객의 습관을 잡는 데서 시작된다.
- 고객이 어떤 제품이나 브랜드를 습관적으로 사용하게 만든다면, 그 브랜드는 지속적인 성장을 기대할 수 있다.
- 예: 스타벅스, 코카콜라, 애플, 모두 고객의 삶 속에 습관처럼 자리 잡은 브랜드이다.

요약
- 습관은 반복과 보상으로 형성되는 무의식적 행동이다.
- 습관은 단서 → 행동 → 보상의 구조를 가진다.
- 시장의 성공은 고객의 습관을 차지하는 것에서 비롯된다.
- 경쟁사에서 고객을 데려오려면, 고객의 기존 습관을 깨고, 새로운 습관을 만들어야 한다.

▶ 고객의 습관을 끊어라

고객이 특정 장비를 오랫동안 사용해 왔다면, 새로운 장비를 도입하기보다는 기존 장비를 계속 선택하려는 경향이 강하다. 특히, 고객사가 이미 여러 대의 경쟁사 장비를 사용하고 있을 경우, 투자 기회가 생겼을 때도 기존 장비를 그대로 유지하려는 심리가 작용한다.

이러한 심리는 다음과 같은 이유에서 비롯된다.

1. 기존 장비에 대한 익숙함
- 현재 제품(장비)로 회사나 연구소에서 좋은 결과를 내고 있다면 굳이 새로운 장비를 도입할 필요성을 느끼지 않는다.

2. 새로운 장비에 대한 부담감
- 새로운 제품(장비)를 도입하면 사용법을 다시 익혀야 하며, 직원들이 적응하는 데 시간이 걸릴 수 있다.
- 기존 제품(장비)와 다른 결과가 나오면 연구 신뢰도나 생산성에 영

향을 미칠 수 있다는 걱정이 생긴다.

3. 장비 유지보수에 대한 불안감
- 만약 장비가 고장 났을 때, 기존 장비에 비해 서비스 대응이 원활하지 않을 것이라는 우려가 크다.

이러한 이유로 특별한 불만 사항이 없는 한 고객은 기존 제품(장비)을 선호하게 된다. 따라서, 영업사원은 고객이 기존 제품(장비)을 계속 선택하게 만드는 습관을 끊고, 자사 제품(장비)을 고려하도록 유도해야 한다. 이를 위해 다음과 같은 전략을 활용할 수 있다.

경쟁사로부터 고객을 뺏어 오려면?

고객은 종종 경쟁 브랜드를 무의식적으로 선택한다. 이를 바꾸기 위해서는:

1. 기존 습관을 방해하거나 차단하고,
2. 새로운 단서와 보상을 제공하여
3. 우리 브랜드가 새로운 습관이 되도록 유도해야 한다.

즉, 단순히 제품을 잘 만드는 것을 넘어, 고객의 일상 속 행동 흐름을 바꾸는 전략이 필요하다.

전략적인 실행 사항

1. 경쟁사 대비 자사 장비의 성능 차이를 강조하라
- 현재 사용 중인 장비 대비 자사 장비가 어떤 점에서 더 뛰어난지 구체적으로 설명해야 한다. → 고객이 원하는 현재 사용 중인 제품의 성능과 자사 제품의 성능의 차이가 없는 대등한 제품의 성능 혹은 더 낮은 성능임을 강조.
- 특히, 결과치의 정확성과 일관성을 강조하고, 실제 데이터를 활용하여 신뢰도를 높인다.

2. 장비 사용의 편리성을 강조하라
- 고객이 가장 우려하는 점 중 하나는 새로운 장비를 익히는 데 시간이 걸린다는 것이다.
- 자사 장비는 쉽고 빠르게 배울 수 있으며, 단기간 내에 기존 장비만큼 익숙해질 수 있음을 강조해야 한다.
- 예를 들어, 단 1~2시간만 교육받아도 바로 사용할 수 있다 와 같은 구체적인 메시지를 전달한다.

3. 고객을 자사 장비가 있는 곳으로 초대하여 직접 경험하게 하라
- 말로만 설명하는 것보다, 고객이 직접 장비를 사용해 보도록 하는 것이 효과적이다.
- 시연을 통해 자사 장비의 성능과 편리성을 고객이 직접 체험하게 하면, 기존 장비를 계속 사용하는 것에 대한 고정관념을 깨뜨릴 수 있다.

- 고객이 장비를 직접 다뤄 보고 결과를 확인하면, 새로운 장비 도입에 대한 불안감을 해소할 수 있다.

4. 기술 지원과 유지보수의 신뢰성을 확보하라
- 장비 고장 시 신속한 대응이 가능하며, 유지보수가 원활하게 이루어질 것임을 확신시켜야 한다.
- 기존 경쟁사 장비 대비 서비스 대응 속도와 품질이 우수함을 강조하면 고객의 불안을 덜 수 있다.

고객이 직접 경험하고 객관적으로 비교할 수 있도록 하면, 기존 장비를 계속 선택하는 습관에서 벗어나 자사 장비를 적극적으로 고려하게 된다. 이를 통해 영업의 성공 가능성을 더욱 높일 수 있다.

▶ 충성고객을 확보하라

B2B 영업이든 일반 영업(자동차 판매, 보험 등)이든, 지속적인 영업 성공의 핵심은 얼마나 많은 충성고객을 확보하는가에 달려 있다. 충성고객은 단순히 제품을 구매하는 고객이 아니라, 자발적으로 자사 장비를 홍보하고 추천하는 중요한 존재다.

충성고객이 중요한 이유는 다음과 같다.

1. 입소문 효과
- 충성고객은 자신의 지인이나 동료들에게 자사 장비의 성능을 설명

하며, 실제 사용 경험을 바탕으로 신뢰성 있는 추천을 한다.
- 이는 마케팅보다 더욱 강력한 영향력을 가지며, 잠재 고객의 신뢰를 얻는 데 결정적인 역할을 한다.

2. 서비스 신뢰도 향상
- 충성고객은 단순히 제품 성능만이 아니라, 엔지니어들의 신속한 대응과 유지 관리 수준까지 적극적으로 공유한다.
- 이는 잠재 고객이 자사 장비의 유지보수에 대한 걱정을 줄이고, 도입을 고려하는 데 긍정적인 영향을 미친다.

3. 자연스러운 신규 고객 유입
- 충성고객이 많을수록, 새로운 고객이 자연스럽게 유입되는 선순환 구조가 형성된다.
- 충성고객이 직접 추천하는 경우, 잠재 고객이 장비 도입을 결정할 가능성이 더욱 높아진다.

충성고객을 확보하는 전략

1. 고객과의 신뢰를 구축하라
- 장비 판매 후에도 꾸준한 소통을 유지하며 고객이 만족할 수 있도록 지속적인 관리가 필요하다.
- 고객의 요청이나 불만 사항에 빠르게 대응하여 신뢰를 쌓는다.

2. 최고의 서비스 경험을 제공하라
- 엔지니어의 유지보수 속도와 대응력을 높여 고객이 만족할 수 있도록 한다.
- 유지보수의 편리함과 효율성을 강조하여 고객이 직접 이를 경험하고 공유할 수 있도록 유도한다.

3. 고객 성공 사례를 적극 활용하라
- 충성고객의 성공 사례를 정리하여 새로운 고객들에게 전달한다.
- 실제 사용 후기를 영상, 인터뷰, 사례 연구 등의 형태로 제작하여 홍보에 활용한다.

4. 충성고객을 특별하게 대우하라
- VIP 프로그램, 사후 관리 서비스 강화, 특별 이벤트 초대 등을 통해 충성고객이 자부심을 느끼도록 한다.
- 충성고객을 초청하여 신제품 시연회, 기술 세미나 등에 참여시키면 더욱 강한 유대감을 형성할 수 있다.

결론

충성고객은 단순한 구매자가 아니라, 자사 장비를 적극적으로 홍보하는 자발적 마케터다. 이들이 제공하는 긍정적인 입소문은 잠재 고객에게 강력한 신뢰를 심어 주며, 결국 투자 결정 시 자사 장비를 선택할 확률을 높인다. 따라서, 단순히 제품을 판매하는 것이 아니라, 고객과의 신뢰를 바탕으로 충성고객을 확보하는 전략이 장기적인 영업 성공의 핵심이다.

▶ 마케팅 전략

STP 전략(Segmentation, Targeting, Positioning)
- Segmentation(시장 세분화): 고객을 특성별로 나누기(예: 연령, 지역, 산업 등)

시장 세분화(Segmentation)란?
시장 세분화(Segmentation)는 소비자를 공통된 특성에 따라 그룹으로 나누는 과정이다. 모든 소비자가 동일한 필요와 선호도를 가지지 않기 때문에, 기업은 고객을 세분화하여 더 효과적으로 마케팅 전략을 수립할 수 있다.

시장 세분화의 필요성
효율적인 마케팅 전략 → 특정 그룹을 대상으로 집중 공략
고객 만족도 향상 → 개별 니즈에 맞는 제품 및 서비스 제공
경쟁력 강화 → 차별화된 브랜드 이미지 구축
마케팅 비용 절감 → 불필요한 광고 및 마케팅 비용 최소화

시장 세분화 기준(4가지 주요 방식)
인구통계적 세분화(Demographic Segmentation) - 공동실험실습관 및 정부출연연구소 장비 담당자 분석

1. 주요 대상 그룹
- 대한민국 내 대학교 공동실험실습관 담당자
- 정부출연 연구소 장비 담당자

2. 연령대 분석
- 대학교 공동실험실습관 및 연구소의 장비 담당자는 대체로 40대~60대가 많음
- 연구소 및 실험실의 업무 특성상 오랜 기간 근무하는 경우가 많아 동일 기관에서 장기간 근무한 경험이 많음

3. 사용 장비 및 브랜드 충성도
- 연구소 및 실험실에서 사용하는 장비는 고가이며, 오랜 기간 사용
- 특정 회사의 장비를 여러 대 사용해 온 경우가 많음
- 기존에 사용 중인 장비에 대한 만족도가 높다면, 향후 추가 투자 시 같은 브랜드를 선택하는 비율이 70% 이상

4. 구매 의사 결정 요인
- 성능 적합성 및 기술 신뢰성
→ 장비의 핵심 성능이 연구소 또는 기업의 요구 사양을 충족하는지 여부는 구매 결정의 기본 요건
→ 데이터 정밀도, 처리 속도, 분석 능력 등 목적에 맞는 성능 수준 확보가 매우 중요
→ 신뢰성과 내구성 또한 핵심 판단 기준으로, 장기간 사용 시 고장률이

낮고 안정적으로 운영 가능한 제품이 선호됨
- 사용 편의성과 운영 효율성
→ 사용자 입장에서 운영 인터페이스의 직관성, 기존 장비와의 유사성은 도입 초기의 학습 부담을 줄여 줌
→ 운영 매뉴얼, UI 구성, 자동화 기능 등이 직관적으로 설계되어 있을수록 초보 사용자나 다수 인원이 사용하는 환경에서 높은 점수를 얻음
→ 특히 다수의 연구원이 장비를 공유하는 환경에서는 쉽고 빠르게 숙련될 수 있는 구조가 큰 장점
- 사후관리(AS) 및 유지보수 지원 체계
→ 고객은 장비 자체의 성능뿐 아니라, 도입 이후의 안정적 운영을 가능하게 하는 서비스 체계를 매우 중시함
→ 신속한 A/S 대응, 정기점검, 소모품 관리, 기술지원 인력의 숙련도 등이 구매 결정에 직접적인 영향을 미침
→ 실제로 기존에 만족스러운 서비스를 경험한 고객은 동일 브랜드 혹은 동일 공급사의 장비를 재 구매하는 경향이 높음
- 호환성과 연구 연속성 확보
→ 기존 실험환경 및 장비와의 데이터 형식, 소프트웨어, 시료 준비 과정의 호환성을 고려한 제품 선택이 많음
→ 연구 흐름을 중단 없이 이어 가기 위해 기존 장비와의 연계성이 좋은 동일 브랜드 제품 또는 기존 공급사의 업그레이드 모델을 선호함
→ 장비 간 통합 운용 및 분석 통합 시스템 구성이 가능한지 여부도 주요 판단 기준
- 총 소유 비용(TCO: Total Cost of Ownership) 고려

→ 장비 가격뿐 아니라 설치, 교육, 유지보수, 업그레이드, 운영비용 등 장기적 관점에서의 총 비용을 고려하여 구매 결정

→ 초기 비용이 다소 높더라도 운영 안정성과 긴 수명, 유지보수 절감 효과가 기대되면 선호 가능성이 높음

5. 투자 계획 및 구매 경향
- 연구소 및 대학 실험실에서는 장비 교체 및 신규 투자 계획이 주기적으로 발생
- 특별한 불만 사항이 없는 한, 현재 사용 중인 장비의 브랜드를 유지할 가능성이 높음
- 새로운 장비 도입 시 기존 공급업체와의 관계 및 신뢰도가 중요한 결정 요소

지리적 세분화(Geographic Segmentation)
지역별 고객 특성과 전략적 접근 방향

1. 서울 및 대전 - 연구개발 중심지

서울과 대전은 국내 대표적인 유명 대학 및 정부출연연구소가 밀집된 지역으로, 고객들은 자체 연구 과제 수행 및 내부 고객(연구자, 교수진 등)의 수요에 따라 고가 장비를 도입, 운용하는 경향이 강하다.

→ 주요 관심사 및 구매 의사결정 프로세스를 면밀히 파악하고,

→ 재투자 시점에 맞춘 맞춤형 제안을 통해 자사 제품의 우선순위를 확보해야 한다.

2. 수원·기흥·천안·이천·용인 - 반도체 밸리

이 지역은 삼성전자, SK하이닉스 등 대기업과 협력 중견기업들이 집결한 반도체 산업 클러스터이다.
- → 첨단 분석 및 제조 장비에 대한 수요가 지속적이며,
- → 장기적 관점에서 유망한 전략 고객군으로서 체계적인 접근과 관계 구축이 필요하다.

3. 경기도 안산 및 반월공단 - 중소·중견 제조기업 밀집지

경기도 안산과 반월공단은 다양한 업종의 중소·중견기업이 모여 있는 산업지대로, 장비 자동화, 검사 효율화 등의 니즈가 꾸준히 존재한다.
- → 기업 특성과 기술력 수준에 따른 맞춤형 접근이 중요하며,
- → 지속적인 정보 제공 및 주기적 접촉을 통해 신뢰를 구축해야 한다.

4. 경남·경북, 전남·전북, 충남·충북 - 지방 기업 및 연구기관

지방 권역에는 지방 소재 대학, 연구기관, 특화 산업단지 등이 분포되어 있으며, 수도권에 비해 정보 접근성이 낮고 밀착형 관리에 대한 수요가 높다.
- → 정기적인 방문 및 기술 자료 제공, 사용자 교육 등을 통해 관계를 강화하고
- → 지역 맞춤형 대응 전략으로 장기적인 사업 기회를 확대해야 한다.

B2B에서의 심리적 세분화(Psychographic Segmentation)

B2B 시장에서의 거래는 표면적으로는 기업과 기업 간의 계약처럼 보이

지만, 본질적으로는 사람과 사람 사이의 신뢰와 선택의 과정이다. 심리적 세분화는 단순히 고객을 분류하고 맞춤 전략을 설계하는 마케팅 기법을 넘어, 인간은 왜 그런 선택을 하는가 라는 질문에 대한 깊은 사유와 이해를 기반으로 한다.

1. 행동은 생각의 그림자다

모든 고객 행동은 우연이 아니라 내면의 신념, 가치, 감정의 반영이다.

아리스토텔레스는 모든 인간 행동에는 목적이 있다고 했습니다. 어떤 고객은 안정성을 중시하고, 어떤 고객은 변화를 추구하며, 이는 그들이 믿는 가치와 세상을 보는 방식의 표현이다.

심리적 세분화란 바로 이러한 보이지 않는 동기와 믿음을 파악해, 더 진정성 있는 커뮤니케이션을 가능하게 하는 렌즈이다.

2. 고객은 논리로 판단하고 감정으로 결정한다

B2B 고객은 명확한 데이터, 기능, 가격 조건을 비교하면서도, 결국에는 자신의 직관과 감정, 경험에 기반한 판단을 내린다.

- 이 회사는 믿을 만한가?
- 이 제품은 나와 우리 팀을 안전하게 해 줄까?
- 이 결정을 통해 나는 어떤 평가를 받을까?

이러한 질문들에는 감정과 자아의 흔적이 깊게 깔려 있으며, 심리적 세분화는 이 감정의 지형도를 이해하고 접근하는 일이다.

3. 고객을 설득하는 것이 아니라 이해하는 것

고객을 세분화하고 유형화하는 목적은 판매를 위한 설득이 아니라, 고객의 맥락과 입장을 이해하는 것이다.

- 고객의 언어로 말하고,
- 고객의 시선에서 바라보고,
- 고객이 두려워하는 것을 알아채고,
- 고객이 원하는 미래를 함께 상상하는 것.

이는 기술적 논리나 기능 설명만으로는 얻을 수 없는 공감과 신뢰의 기반을 형성한다. 진정한 관계는 이해받고 있다는 감정에서 출발한다.

4. 보이지 않는 것이 본질이다

생텍쥐페리는 『어린 왕자』에서 정말 중요한 것은 눈에 보이지 않는다고 했습니다.

B2B 거래에서도 가장 중요한 결정 요인은 종종 스펙표가 아니라,

- 고객의 내부 정치적 상황,
- 의사결정자의 개인적 성향,
- 과거의 경험에서 비롯된 감정적 기억 등,
- 눈에 보이지 않는 심리적 요소일 수 있다.
- 심리적 세분화는 바로 이 보이지 않는 본질을 포착해 내려는 지적 훈련의 태도이다.

결론

B2B에서의 심리적 세분화는 단순한 분류 작업이 아닌, '우리는 이 사람을 얼마나 깊이 이해하고 있는가?'라는 질문에 답하려는 노력이다.

기술과 데이터가 풍부한 시대일수록, 인간에 대한 깊은 이해가 차별화된 영업과 지속 가능한 관계를 만들어 냅니다.

그 출발점은 고객을 고객이 아닌, 생각하고 느끼는 사람으로 대하는 것이다.

1. 고객의 무의식적인 니즈 파악

고객과의 대화 중에서 그들이 강조하는 키워드나 반복적으로 언급하는 요소들을 분석하면, 그들의 우선순위를 파악할 수 있다. 예를 들어:

- 우리 연구에서는 데이터 정확도가 최우선이다. → 성능 중심의 고객
- 예산 내에서 가장 효율적인 솔루션을 찾고 있다. → 가격 대비 성능을 고려하는 고객
- 장기적으로 유지보수 비용까지 고려해야 한다. → 총소유비용(TCO)을 중시하는 고객

이러한 발언을 바탕으로 고객군을 분류하고, 이에 맞는 맞춤형 접근 방식을 설계해야 한다.

2. 고객 라이프스타일과, 심리적 세분화를 활용한 세일즈 전략

B2B에서도 고객사의 문화나 담당자의 업무 스타일에 따라 장비 선택

기준이 달라질 수 있다.

예를 들면:

1. 위험 회피 성향 vs 혁신 추구 성향
- 위험 회피형 고객

→ 검증된 브랜드와 제품을 선호

→ 타 기업의 도입 사례, 참고 가능 데이터, 레퍼런스 확보를 중시

→ 변화보다는 안정적인 운영과 예측 가능한 성과를 중요시함

→ 접근 전략: 신뢰성, 사례 제시, 보증 서비스 강조

- 혁신 추구형 고객

→ 신기술과 트렌드에 민감하고 새로운 솔루션 도입에 적극적

→ 경쟁사보다 앞선 기술 확보를 원함

→ 빠른 의사결정과 도전적 프로젝트에 열려 있음

→ 접근 전략: 기술 트렌드 소개, 차별화 포인트 강조, 조기 적용 혜택 제공

2. 관계 지향형 vs 성과 지향형
- 관계 지향형 고객

→ 인간적 신뢰, 장기적인 관계 유지, 감정적 유대감을 중시

→ 거래보다 사람을 중요하게 여김

→ 꾸준한 방문, 전화, 관심 표현 등에 긍정적으로 반응함

→ 접근 전략: 정기적 커뮤니케이션, 신뢰 형성 중심의 대응

- 성과 지향형 고객

→ 효율과 성과 중심으로 사고하며, ROI를 최우선으로 고려

→ 불필요한 관계 구축보다는 목표 달성과 비용 효과에 집중

→ 제안서, 성능 비교, 정량적 데이터에 민감함

→ 접근 전략: 분석자료 제공, 수치 기반 비교, 시간/비용 절감 강조

3. 조직 내 역할에 따른 심리 유형

- 최종 결정권자(Director/Executive)

→ 전략적 가치와 장기적 관점에서 판단

→ 의사결정 속도는 빠르나, 리스크를 민감하게 평가

→ 전략: 비즈니스 임팩트, 시장 점유율 향상 등 거시적 이점 강조

- 실무 관리자 또는 기술 책임자

→ 장비의 기술 사양, 실험 결과, 운영 편의성 등을 중시

→ 일상적인 사용성과 유지보수에 민감

→ 전략: 제품 데모, 기능 비교, 기존 시스템과의 연동성 강조

4. 기업 문화 및 성향

- 보수적인 조직 문화

→ 위계질서 강조, 새로운 도전보다는 검증된 안정성 중시

→ 외부 정보에 의존하기보다 내부 보고서나 경험을 중시

→ 전략: 내부 설득용 자료 제공, 리스크 최소화 제안

- 개방적/실험적 조직 문화

→ 수평적 소통, 테스트 및 파일럿 프로젝트를 통한 의사결정 선호

→ 다양한 벤더와의 교류에 열려 있음
→ 전략: 파일럿 제안, 유연한 계약 구조 제공, 빠른 샘플 제공

(파일럿 제안(Pilot Proposal)이란, B2B 영업이나 프로젝트 협의 과정에서 고객이 전면 도입 결정을 내리기 전에, 일부 기능이나 한정된 범위에서 먼저 시험적으로 적용해 보도록 제안하는 방식을 말한다. 쉽게 말해, 소규모 시범 운영을 먼저 해보고 판단하자는 접근이다.)

5. 개인적 동기: 인정 욕구, 영향력 확대 욕구
- 담당자가 성공적인 장비 도입을 통해 조직 내 영향력을 확대하거나 인정받고자 하는 심리도 흔히 존재
- 전략:

→ 성공 사례로 만들어 주겠다는 약속
→ 프레젠테이션용 자료, 상신 문서 제공 지원
→ 세미나 발표 기회 제공 등 명확한 성과 연출 도구 지원

결론

B2B 시장에서도 고객의 심리적 특성을 정밀하게 분석하고 이를 기반으로 대응 전략을 설계하면, 단순한 만족을 넘어 고객의 신뢰와 충성도를 이끌어 낼 수 있다.

고객의 성향, 의사결정 스타일, 리스크에 대한 태도 등을 사전에 파악함으로써, 보다 정교하고 맞춤화된 접근이 가능해지고, 이는 곧 설득력 있는 커뮤니케이션과 높은 수주율로 이어진다.

행동적 세분화(Behavioral Segmentation) 및 공략 전략

1. 고객 특성 분석

기존 장비에 대한 강한 신뢰를 가진 고객들은 경쟁사의 영업 활동에 대해 회의적이며, 새로운 장비의 장점을 쉽게 받아들이지 않는 경향이 있다. 이러한 고객들은 기존 장비에 익숙하고, 변화를 원하지 않으며, 새로운 기술에 대한 필요성을 직접 경험하기 전까지 인정하지 않는 경우가 많다.

2. 접근 전략

이러한 고객들의 방어적인 태도를 극복하고, 자사 장비의 우수성을 효과적으로 전달하기 위해 다음과 같은 전략을 실행해야 한다.

① 신뢰 형성 및 관계 구축
- 기존 장비의 장점을 인정하면서 대화를 시작하여 고객의 방어적 태도를 완화한다.
- 기술적 지원 및 사후 관리가 뛰어남을 강조하여 고객이 신뢰할 수 있는 파트너로 자리 잡는다.
- 단순한 제품 판매가 아닌, 고객의 연구, 분석 과정에서 실질적인 도움을 줄 수 있는 해결책을 제안한다.

② 꾸준한 정보 제공
- 경쟁사 장비와의 차별점을 논리적으로 제시하며, 장기적인 이점을 강조한다.
- 정기적인 세미나, 기술 웨비나, 뉴스레터 등을 통해 자연스럽게 정보

를 제공하고, 고객이 새로운 기술을 접할 기회를 만든다.
- 사용자 사례(Reference) 및 논문 데이터를 활용하여 신뢰성을 높인다.

③ Demo Lab 활용 극대화
- 고객을 반드시 자사 장비 Demo Lab으로 초청하여 실질적인 성능 시험과 분석 데이터를 직접 경험할 수 있도록 유도한다.
- 고객의 샘플을 직접 분석해 보고, 기존 장비와의 차이점을 체험할 수 있도록 맞춤형 테스트를 제공한다.
- Demo Lab 방문이 어렵다면, 온라인 실시간 장비 시연 또는 고객사 현장에서 소규모 실험을 진행하는 방안을 검토한다.

④ 점진적 설득 및 맞춤형 접근
- 고객별 요구 사항을 분석하여, 기존 장비의 한계를 해결할 수 있는 자사 장비의 특정 기능을 집중적으로 소개한다.
- 고객이 직면한 문제를 파악하고, 자사 장비를 사용했을 때의 실질적 이점을 데이터로 보여 준다.
- 기존 고객의 성공 사례를 공유하여 동종 업계에서의 신뢰도를 높인다.

3. 기대 효과

이와 같은 전략을 지속적으로 실행하면, 기존 장비에 대한 강한 신뢰를 가진 고객들도 점차 자사 장비의 장점을 인식하게 되고, Demo Lab을 통한 실질적인 성능 검증으로 구매 전환율이 상승할 것이다.

- Targeting(목표 시장 선정): 가장 수익성이 높은 시장 선택

▶ 타겟팅(Targeting)과 B2B 타겟팅 영업의 중요성

타겟팅(Targeting)이란 특정 고객층을 선정하고 그들의 요구에 맞춘 전략을 수립하여 효율적으로 영업을 진행하는 과정이다. B2B 영업에서 타겟팅은 기업의 매출과 수익성 창출에 큰 영향을 미친다.

예를 들어, 삼성전자와 SK하이닉스는 최근 장비의 자동화(Automation)를 주요 목표로 삼아 장비를 구매, 설치하여 운영하고 있다. 이러한 흐름 속에서 자사 장비 또한 자동화 기능을 갖추지 않으면 이들 대기업에 판매하는 것이 어려워진다. 그러나 일단 이러한 기업에 장비가 설치되면, 매년 지속적으로 장비를 납품할 기회가 생기기 때문에 타겟팅 영업에 많은 역량을 투입할 필요가 있다.

효과적인 타겟팅 영업 전략

1. 지속적으로 장비를 구매하는 기업과 연구소 파악
   - 정기적으로 장비를 도입하는 기업과 연구소가 어디인지 조사하고 리스트를 구축한다.
   - 업계 트렌드 및 주요 고객사의 투자 방향을 분석한다.

2. 고객 요구사항의 정확한 이해
   - 고객이 필요로 하는 기능과 성능을 파악하여 이에 맞춘 솔루션을 제공한다.
   - 예를 들어, 자동화 기능이 중요한 고객에게는 자사 장비의 자동화 기

술을 강조해야 한다.

3. 경쟁사 대비 차별화된 특장점 강조
- 자사 장비가 경쟁사 제품과 비교하여 어떤 차별화된 기능을 제공하는지 명확히 정리한다.
- 이를 통해 고객이 자사 장비를 선택했을 때 얻을 수 있는 질 좋은 데이터, 비용 절감, 효율성 향상, 유지보수 용이성 등의 이점을 구체적으로 설명한다.

4. 맞춤형 영업 전략 수립 및 실행
- 고객별 맞춤형 영업 접근 방식을 적용하여 기술 세미나, 데모 제공, 사례 연구 발표 등을 활용한다.
- 고객사 내부에서 의사결정을 담당하는 주요 관계자(엔지니어, 구매 담당자, 경영진 등)와 긴밀한 관계를 형성한다.

결론적으로, 타겟팅 영업은 단순한 장비 판매를 넘어 지속적인 공급 기회를 확보하는 전략적 활동이다. 고객의 요구를 면밀히 분석하고, 자사 장비의 강점을 명확하게 전달하며, 경쟁력을 지속적으로 강화하는 것이 성공적인 B2B 영업의 핵심이다.

고객을 리딩하라:
질문에 끌려가지 말고, 자사 제품의 가치를 각인시켜라

B2B 영업 현장에서 흔히 마주하는 상황이 있다.

고객이 경쟁사의 제품에 대한 장점을 언급하거나, 그 장점이 자사 제품에도 있는지를 물어보는 경우다. 때로는 해당 기능이 없을 경우 대체 가능한 기능이 무엇인지까지 문의해 오기도 한다.

이런 질문을 받으면 대부분의 영업사원들은 경쟁사 제품과 자사 제품의 성능을 비교해 설명하려는 경향이 있다. 물론 이는 기본적으로 해야 할 대응이며, 경쟁사 제품에 대한 자료 분석과 함께 자사 제품의 유사 기능, 대체 성능 등을 설명하는 것은 중요하다. 하지만 문제는 그 이후이다.

며칠 뒤 다시 방문하면 고객은 또다시 경쟁사 제품의 장점을 묻는다. 마치 비교를 반복하면서 끝없이 고민하는 것처럼 보인다.

이때 중요한 판단 기준이 있다.

이미 고객은 경쟁사 제품을 사겠다는 마음을 어느 정도 굳힌 상태일 수 있다.

고객의 반복적인 질문은 단순한 정보 수집이 아니라, 내심 경쟁사의 선택을 합리화하고자 하는 과정일 수 있다.

▶ **이럴 땐 '따라가지 말고, 리딩하라'**

고객의 질문을 일일이 따라가며 대응하는 것만으로는 부족하다.

이 시점에서 중요한 것은 고객의 시선을 다시 자사 제품으로 돌리는 주도권 있는 대화다.

경쟁사의 장점을 부정하거나 깎아내리려 해서는 안 된다. 오히려 그 장점을 인정하되, 자사 제품이 고객의 실제 니즈에 더 부합하는 포인트가 무엇인지 명확하게 강조해야 한다.

예를 들어, 자사 제품의 어느 특정 성능, 안정성, 유지보수의 용이성, 장기적인 비용 효율성, 빠른 대응력, 국내 인력의 지원 시스템 등은 기술적 사양보다 실제 고객의 운영 효율에 훨씬 큰 영향을 줄 수 있다.

핵심은 자사 제품이 고객에게 주는 이익을 강하고 확신 있게 설명하는 것이다.

단순한 스펙 비교에서 벗어나 고객의 비즈니스 상황과 운영 환경에서 자사 제품이 더 나은 가치를 줄 수 있다는 점을 구체적으로 각인시켜야 한다.

고객의 질문을 전환시키는 기술

자사 제품의 강점을 설명할 때는 아래와 같은 포인트로 접근하자.

- ○○ 기능도 중요하지만, 실제 운영에서는 △△가 더 큰 영향을 준다.
- ○○ 제품의 그 기능은 훌륭하지만, 고객님의 환경에서는 오히려 △△ 기능이 더 실질적인 효과를 낼 수 있다.
- 저희 제품은 유지보수 측면에서 연 1,000만 원 이상의 비용 절감이 가능한다. 이건 경쟁사에서는 기대하기 어려운 부분이다.

이런 방식으로 고객이 자사 제품의 장점에 대해 역으로 경쟁사에 질문하게 만들어야 한다.

즉, "그런 기능은 귀사 제품에도 있나요?"라고 경쟁사에게 묻도록 만드는 것이다.

고객의 질문에 반응하는 것에 그치지 않고, 자사 제품의 강점을 주도적으로 설득하고 각인시키는 과정이야말로 B2B 영업에서 성공 확률을 높이는 핵심 전략이다.

▶ 처음 만난 고객에게도 적용되는 리딩 영업 전략

앞서 설명한 고객을 리딩 하는 자세는 기존 고객뿐만 아니라 처음 만난 고객과의 첫 상담에서도 유효하다.

오히려 첫 만남에서 리딩의 주도권을 잡느냐에 따라 이후 영업의 방향이 크게 달라진다.

첫 만남 = 신뢰 형성 + 주도권 확보의 시간

처음 만나는 고객은 대부분 우리 제품에 대한 정보가 부족하거나, 기존에 사용하던 브랜드에 대한 익숙함을 갖고 있다. 이럴 때 중요한 건,

자사 제품이 어떤 점에서 고객에게 더 실질적인 이익을 주는지를 짧고 임팩트 있게 각인시키는 것이다.

1. 고객의 현재 상황을 파악하되, 끌려가지 말 것

초기 상담에서는 질문을 통해 고객의 상황을 파악해야 한다.

예:

- 현재 어떤 장비(시스템)를 사용하고 계신가요?
- 어떤 문제나 개선 니즈가 있으신 가요?
- 최근 도입을 검토하고 있는 기능이나 기술은 어떤 것이 있나요?

그러나 여기서 주의할 점은 고객의 요청 사항이나 경쟁사 언급에 너무 빠르게 반응하거나 휘둘리지 말 것.

정보를 얻되, 내가 주도권을 갖고 대화를 운영해야 한다.

팁: 고객의 말을 경청하되, 곧바로 대응하지 말고 "그 부분은 실제로 많이 비교하시는 항목입니다. 그런데 실제 운영에서 가장 큰 차이를 만든 포인트는 다른 데에 있더라고요."라는 식으로 방향을 전환하라.

2. 자사 제품의 차별화된 이익 포인트를 중심으로 설명하라

고객이 처음 만나는 제품에 대해 신뢰를 갖게 되는 포인트는 기술력이 아니라 '이 제품이 나에게 어떤 실질적인 이익을 줄 수 있는가'이다.

따라서 자사 제품의 특징보다는, 고객에게 주는 혜택과 결과 중심으로 설명해야 한다.

- "저희 제품은 기능 A도 있지만, 고객사 B에서는 저희 제품의 A 기능이 회사의 업무에 적합하다고 판단하셨고 또한 유지보수 효율과 비용 절감 효과 때문에 선택하셨습니다."
- 처음엔 경쟁사 제품과 고민하시다가, 최종적으로 저희 제품을 선택한 이유는 자사에 대한 신뢰와 장비의 A 기능 및 고객 맞춤형 지원 체계였습니다.

3. 질문을 리딩 도구로 활용하라

처음부터 자사 제품만 계속 설명하면 영업이 아닌 프레젠테이션이 되기 쉽다.

대신 고객의 생각을 자사 제품 쪽으로 유도하는 질문을 던지며 리딩하자. 예:

- 혹시 기존 제품에서 느끼셨던 불편함 중, 아직 해결되지 않은 부분이 있나요?
- 어느 특정한 성능 혹은 비용 절감이나 안정성 중, 어떤 요소가 더 중요한 의사결정 기준이 되시나요?

리딩 사례: Ga FIB 중심 시장에서 Xe Plasma FIB로의 시장 전환 및 확장

시장 배경

국내 B2B 시장에서는 FIB(Focused Ion Beam) 장비가 고가 분석 장비로 자리 잡고 있으며, 주로 대학, 정부 출연 연구소, 중견기업, 대기업 등에서 사용되고 있다.
대부분의 고객은 FIB 장비로 Ga FIB(Gallium 기반)을 떠올리며, 특히 TEM lamella 제작 용도로 Ga FIB을 선호해 왔다.

기존 인식의 한계

- Ga FIB은 정밀한 TEM 시료 제작에 적합하지만,
- 일반적인 재료 분석, PCB, Steel, Bulk 시료 등의 Macro 영역 분석에는 비효율적이다.
- 100μm 이상 영역에서는 가공 속도가 느리고 시간 소모가 큼 → 분석 생산성 저하

자사의 전략: Xe Plasma FIB의 리딩 포인트 제시

자사는 기존의 인식에 도전하며, Xe Plasma FIB 장비의 장점을 고객에 적극 설명해 왔다.

- 넓은 영역 분석 가능: 100μm ~ 1mm 이상의 넓은 영역까지 가공 및 분석 가능

- 고객님의 업무 특성상 A 기능보다 B 기능이 런 관점에서 고민해 보신 적 있으신가요?

이런 질문은 고객에게 새로운 관점을 제공하고 로 재평가하게 하는 계기가 된다.

정리: 처음부터 리딩하는 영업은 고객의 마음을 이다.

1. 고객으로부터의 경쟁사 중심 질문은 이미 경 태일 수 있다.
2. 고객 질문에 끌려가기보다는 자사 제품의 이익 한다.
3. 처음 만난 고객일수록, 제품 설명과 함께 이 저 리한지에 집중하라.
4. 주도적인 질문을 통해 고객의 시선을 리딩하라.
5. 결국 고객이 경쟁사에 자사 제품을 묻게 만드는 영업 리딩이다.
6. 리딩 없는 영업은 비교 대상일 뿐이다.
7. 고객의 시선과 판단 기준을 자사 제품 중심으로 이
8. 고객이 먼저 자사 장점을 질문하게 만들자!

고객을 리딩하라: 질문에 끌려가지 말고, 자사 제품의 가치를 각인시켜라

- 분석 시간 대폭 단축: Ga FIB 대비 최소 30배 이상 빠른 milling speed
- 운영 효율성 및 비용 절감 가능: 장시간 분석에서 오는 인건비, 장비 점유 시간 감소

리딩 효과: 시장의 확장 및 고객 인식 전환
- 고객에게 시료 종류 및 목적에 따른 FIB 선택 기준을 제시
- 단순히 TEM 시료 제작용 FIB에서 벗어나, 일반 B2B 영역(소재, 부품 등)으로 Xe Plasma FIB 수요를 리딩
- 경쟁사 역시 Xe FIB을 판매하고 있으나, 자사는 고객 컨설팅을 통해 분석 목적에 맞는 솔루션을 제안하며 시장 리더십을 확보 중

이 사례는 기존의 인식(Ga FIB 중심)을 고객의 현실적인 분석 필요(Macro 영역 분석)에 맞추어 전환시키며, 기술적 차별화와 적극적인 고객 교육을 통해 시장을 리딩한 전형적인 B2B 세일즈 성공 전략으로 활용될 수 있다.

▶ **고객이 스스로 제품을 찾게 하라: 찾아오게 만드는 브랜드 전략**

1. 제품의 매력으로 고객을 끌어들이는 고브랜드 전략

고객이 자발적으로 매장을 찾아 제품을 구매하게 만드는 힘, 바로 브랜드의 가치에서 비롯된다. 예를 들어 샤넬의 명품백은 고가임에도 불구하고 전 세계 고객들이 자발적으로 매장을 방문해 구매하려 한다. 이는 제품 그 자체가 가진 소유의 욕망을 자극하는 브랜드의 힘이다.

이러한 전략은 B2B 산업에서도 유사하게 적용된다. 네덜란드의 ASML이 생산하는 리소그래피 장비는 세계 반도체 시장에서 독보적인 기술력을 바탕으로 모든 반도체 회사들 삼성전자, 하이닉스, TSMC, 인텔 등이 먼저 구매하고자 줄을 서는 상황을 만들어 낸다. 이는 고객이 먼저 찾는 모델의 대표적 예이다.

이러한 독보적인 제품력과 브랜드 가치는 반도체 산업뿐 아니라 화학, 제약, 바이오 산업에서도 고객의 구매 행동을 자극할 수 있다. 핵심은 자사 제품만이 줄 수 있는 명확한 매력을 갖추는 것이다.

2. 충성고객 확보: 입소문이 만드는 영업의 지름길

반드시 하이브랜드여야만 고객의 사랑을 받는 것은 아닙니다. 많은 충성고객을 확보하고 있다면, 이들이 만들어 내는 신뢰의 네트워크는 매우 강력한 영업 도구가 된다.

충성고객은 주변 지인에게 제품을 추천하고, 이를 접한 잠재 고객은 별도의 영업 접촉이 없더라도 먼저 연락을 취해 옵니다. 이는 영업사원의 방문 또는 전화 한 통 없이도 구매 가능성을 높이는 강력한 전략이다. 또한, 충성고객을 지속적으로 관리하는 것은 경쟁사와의 가격 또는 성능 차이가 크지 않더라도 자사 제품을 선택하게 하는 결정적 요인이 될 수 있다.

3. 사람의 매력이 만드는 브랜드 호감도

제품의 성능만으로는 고객의 마음을 완전히 사로잡기 어렵습니다. 궁극적으로 브랜드에 대한 호감과 신뢰를 결정짓는 요소는 사람의 매력이다.

특히 영업사원은 고객과의 최전선에서 브랜드를 대표하는 인물이다.

제품 상담 시 고객의 업무에 적합한 방향으로 컨설팅을 제공하고, 장비의 장단점을 명확히 설명하며, 성능이 고객에게 가져다줄 이점을 이해시키는 능력이 중요하다. 이러한 역량과 태도는 고객에게 신뢰와 호감을 이끌어 내며, 결국 사람 자체가 경쟁력이 된다.

또한, 엔지니어의 유지보수 대응, 관리부 직원의 전화 응대 태도 등 모든 접점에서의 인적 서비스는 고객 경험에 큰 영향을 미친다. 고객이 제품 선택을 고민할 때, 친절하고 신뢰감 있는 대응은 결정적인 차별 요소가 될 수 있다.

만약 경쟁사 제품과 성능이 비슷하다면, 결국 고객은 사람을 보고 선택한다.

결론

1. 브랜드의 힘 - 고객이 자발적으로 제품을 찾게 만드는 매력
2. 충성고객의 신뢰 - 입소문을 통한 신뢰 확산
3. 사람의 매력 - 고객의 마음을 움직이는 마지막 결정 요인

이 세 가지 요소가 오늘날의 치열한 시장에서 차별화된 영업 성공을 이끄는 핵심이다.

영업 목표 설정의 전략:
20% 상향 조정의 원칙

1. 현실보다 낮은 목표 설정의 함정

많은 영업사원들은 연간 목표를 설정할 때, 해당 목표를 보다 쉽게 달성하기 위해 다소 보수적으로 수치를 설정하는 경향이 있다. 이는 단기적으로는 성과를 달성한 듯한 만족감을 줄 수 있지만, 장기적으로는 다음과 같은 문제를 야기할 수 있다:

- 자신의 역량을 과소평가하게 됨
- 조직 내 평가에서 불리한 인식 형성
- 상급자와의 신뢰 저하
- 동료 직원들에게 부정적인 기준 제시

특히 2~3년이 지나면, 본인이 설정한 목표가 조직 기대치에 비해 지속적으로 낮다는 것이 명확히 드러나게 된다. 이는 곧 영업사원 스스로의 성장 가능성마저 제한하게 된다.

2. 상향 목표 설정의 필요성과 효과

현실적인 데이터를 기반으로 하되, 연간 목표를 기존 대비 약 20% 상향 조정하여 설정하는 전략이 필요하다. 이러한 접근은 다음과 같은 긍정적인 결과를 가져올 수 있다:

- 스스로 동기부여가 강화됨
- 더 적극적인 영업 활동 유도
- 조직 내에서의 신뢰 및 평가 상승

- 성과 중심의 건강한 경쟁문화 조성

  목표를 상향 조정함으로써, 기존보다 더 넓은 시장을 바라보게 되고, 고객에 대한 접근 방식도 보다 능동적으로 변화하게 된다. 이러한 태도 변화는 자연스럽게 성과로 이어진다.

3. 목표 달성에 대한 자신감과 실행력
  영업사원이 설정한 상향 목표는 회사와의 협의 및 조율을 거쳐 결정된 공식 목표와 도 연결된다. 현실적으로 매년 목표를 달성해 내는 것이 결코 불가능한 것이 아니며, 오히려 명확한 목표 설정과 실행 계획이 있다면, 지속적인 성과 창출은 충분히 가능하다.
  상향된 목표는 스스로를 더욱 성장시키는 도구가 되며, 이를 통해 영업사원은 매년 자신을 넘어서고, 조직 내에서도 핵심 인재로 자리매김할 수 있다.

명확한 목표 설정이 성과를 만든다
  영업의 성패는 결국 목표 달성 여부로 판단된다. 그렇기 때문에 영업사원에게 명확하고 구체적인 목표 설정은 그 무엇보다 중요하다. 단순히 잘해 보자, 작년보다 더 많이 팔자는 식의 모호한 목표로는 스스로를 움직이기 어렵고, 구체적인 전략을 세우는 데도 한계가 있다.
  목표는 단순한 숫자가 아니라, 실행 방향을 제시하는 나침반이다. 명확한 목표는 영업사원에게 집중력을 부여하고, 한정된 시간과 자원을 어디에 투입해야 할지를 알려 준다. 또한 목표는 동기를 부여하는 가장 강력한 도구다. 목표가 클수록, 구체적일수록, 자신의 의지와 연결될수록 행동으로 이어지기 쉽다.

하지만 현실에서는 목표를 설정했음에도 불구하고 달성하지 못하는 경우가 많다. 그 이유는 대부분 목표를 실행 가능한 수준으로 나누지 않았기 때문이다. 연간 목표라는 큰 틀만 세워 놓고, 구체적인 실행 계획 없이 시간만 흘러 버리는 것이다.

이러한 문제를 해결하기 위해서는 다음과 같은 전략이 필요하다.

목표를 세분화하라

영업사원이 연간 목표를 설정했다면, 이를 보다 구체적으로 세분화할 필요가 있다. 연간 목표는 방향성을 제시하지만, 실질적인 행동을 이끌어 내기에는 지나치게 크고 추상적일 수 있기 때문이다.

가장 먼저 할 일은 연간 목표를 분기별 목표로 나누는 것이다. 1분기부터 4분기까지 각 시점에 어느 정도를 달성할 것인지 계획을 세우면, 그때그때 필요한 전략을 조정할 수 있는 유연성이 생긴다.

다음 단계는 이를 월별 목표로 다시 나누는 것이다. 매월 달성해야 할 수치를 명확히 하면, 단기적인 성과에 집중할 수 있으며, 목표에서 벗어났을 때 즉시 피드백하고 방향을 수정할 수 있다.

더 나아가 주간 또는 주요 프로젝트별로도 목표를 쪼개어 관리하면, 영업사원은 자신의 성과에 대한 자기 인식(Self-awareness)을 높이고, 실질적인 개선이 가능해진다.

이러한 세분화는 단순히 숫자를 쪼개는 것이 아니라, 스스로의 진척 상황을 눈으로 확인할 수 있도록 만드는 장치다. 매월 목표를 달성해 나가며 쌓이는 작은 성취감은 영업사원의 자신감을 키우고, 연간 목표 달성이라는 큰 성과로 자연스럽게 이어진다.

▶ 왜 신규 고객 확보가 중요한가

많은 영업사원들은 정해진 고객을 중심으로 활동을 이어 간다. 특히 B2B 영업은 구조적으로 시장이 어느 정도 고정되어 있는 경향이 있다. 고객이 누구인지, 어떤 제품(장비)를 사용하는지 대략적인 정보는 이미 파악되어 있고, 기존 거래처 관리에 집중하다 보면 새로운 고객 발굴은 뒷전으로 밀리기 쉽다.

그러나 시장은 고정되어 있는 것처럼 보여도, 경쟁은 계속해서 변화하고 있다. 기존 고객은 언제든지 이탈할 수 있고, 신규 고객 확보 없이 기존 거래처에만 의존하는 영업 전략은 장기적으로 매우 위험하다. 결국, 지속적인 성장과 목표 달성을 위해서는 신규 고객을 찾고, 이들과 관계를 맺으려는 적극적인 노력이 필요하다.

신규 고객을 확보한다는 것은 단순히 매출을 늘리는 것을 넘어, 영업 기반을 넓히고 리스크를 분산하는 전략적 선택이다. 경쟁사가 확보하고 있는 고객을 자사로 유입시키는 것만으로도 시장 점유율은 변화할 수 있고, 이는 곧 회사의 브랜드 인지도와 영향력 확대에도 기여하게 된다.

그렇다면 실질적으로 신규 고객을 어떻게 확보할 수 있을까?

다음에서 그 구체적인 방법들을 소개한다.

신규 고객을 확보하라

B2B 영업은 특성상 시장이 비교적 명확하게 정의되어 있다. 주요 고객군이 어디에 있는지, 어떤 장비를 사용하는지 등은 어느 정도 예측 가능하다. 그러나 이러한 구조 속에서 많은 영업사원들이 기존 고객 관리에 집중하다 보면, 신규 고객 확보에 소홀해지는 경향이 있다. 이로 인해 신규 매출 창출이 어려워지고, 전체 영업 목표 달성에도 차질이 생긴다.

이를 극복하기 위한 첫 번째 방법은 경쟁사 고객 정보를 파악하고 접근하는 것이다. 경쟁사의 제품(장비)을 사용하는 고객은 이미 유사한 제품군에 익숙하기 때문에, 자사 제품(장비)에 대한 관심을 유도하기가 상대적으로 수월하다.

실제 실천 방법으로는, 매일 최소 5건 이상의 신규 고객과의 전화 접촉을 시도해 보는 것이다. 전화를 통해 간단히 자사 장비를 소개하고, 고객의 현재 사용 장비와 니즈를 파악할 수 있다. 처음엔 어색하겠지만, 반복하다 보면 자연스럽게 대화 스킬이 향상되고, 고객과의 소통도 점차 편안해진다.

이러한 꾸준한 노력은 단순한 전화 한 통이 아닌, 고객과의 신뢰 형성으로 이어진다. 동시에, 고객으로부터 얻는 정보는 자연스럽게 자사의 잠재 고객 리스트로 축적된다. 이 리스트는 향후 영업 기회를 넓히는 데 큰 자산이 된다.

두 번째 방법은 학회나 전시회에 참석해 신규 고객을 발굴하는 것이다. 다양한 산업 분야의 관계자들이 모이는 자리인 만큼, 고객군의 폭이 넓어지고 직접적인 접점도 많아진다. 다만 이 방법은 경쟁사도 적극적으로 활용하기 때문에, 차별화된 접근 전략과 후속 관리가 필요하다.

세 번째는, 학회에서 만나는 타 업체 관계자들과의 친밀도 구축이다. 이들은 동일한 고객군을 상대로 다른 장비를 판매하는 경우가 많아, 서로 보완적 관계를 형성할 수 있다. 신뢰를 바탕으로 정보를 교환하면, 특정 고객사의 니즈나 현황에 대해 보다 깊이 있는 정보를 얻을 수 있는 기회가 생긴다.

이처럼 신규 고객 발굴은 단기 성과가 아니라 장기 자산 구축의 시작이다. 영업사원 스스로가 정보를 얻고 관계를 쌓는 일도 성과라는 인식을 가질 때, 장기적인 영업 성공에 한 걸음 더 가까워질 수 있다.

▶ 지속 가능한 영업을 위한 관계 구축

영업은 단순히 제품을 판매하는 행위를 넘어, 고객과의 지속적인 관계를 관리하고 유지하는 활동이다. 특히 B2B 영업은 고객의 의사결정 사이클이 길고 복잡하기 때문에, 한 번의 만남이나 연락으로 계약이 성사되는 경우는 드물다.

그렇기 때문에 한 번 만난 고객을 어떻게 관리하느냐가 성패를 좌우하는 핵심 포인트가 된다. 대부분의 영업사원은 잠재 고객과의 첫 접촉에 성공한 뒤, 일정 시간이 지나면서 다른 업무에 집중하게 되고, 후속 연락을 놓치는 경우가 종종 발생한다. 이로 인해 고객의 장비 투자 시점과 맞물리지 못하고, 결국 경쟁사에게 기회를 빼앗기게 되는 상황이 생긴다.

이러한 실수를 반복하지 않기 위해서는, 초기 접촉 이후의 관리 체계가 반드시 필요하다. 이는 단순한 친절함이 아니라, 철저한 전략이다.

한번 접촉한 고객은 정기적으로 연락하라

신규 고객 발굴에 성공하기 위해서는, 첫 만남 이후의 후속 관리가 핵심이다. 단순히 제품 소개만 하고 마무리하는 것이 아니라, 고객의 상황을 지속적으로 파악하고, 필요할 때 즉시 대응할 수 있도록 정기적인 접촉이 필요하다.

고객이 관심을 보였던 순간 이후로 장비 도입을 검토하거나 예산을 확정할 시점이 오게 되는데, 이때 연락이 없으면 고객은 자사보다 더 적극적인 경쟁사를 선택하게 된다. 이미 마음을 정한 고객을 다시 설득하는 것은 훨씬 더 많은 노력과 비용이 들어간다.

이러한 상황을 방지하기 위해서는, 잠재 고객 리스트를 체계적으로 정리하고, 후속 접촉 계획을 수립하는 것이 매우 중요하다. 아래에 실무에 바로 적용할 수 있는 팁을 소개한다.

① 고객 리스트 작성법

항목	설명
고객명	회사 및 담당자 이름(부서 포함)
첫 접촉일	첫 미팅 혹은 전화 등 접촉 날짜
관심 제품	고객이 관심을 보인 자사 제품명
고객 상황	예산 시기, 필요 사유, 기존 사용 장비 등
후속 연락 일정	다음 연락 계획 날짜(주기: 주간/월간 등)
비고	고객 반응, 특이사항 등 자유 기록

이 리스트는 엑셀, CRM툴, 또는 간단한 노션(notion) 페이지로도 쉽게 관리할 수 있다.

② 후속 연락 타이밍 체크리스트
- 첫 접촉 1주 이내: 감사 인사 및 추가 자료 전달
- 2~3주 후: 장비 관련 질의 여부 확인, 간단한 뉴스 공유
- 1개월 후: 고객 내부 검토 상황 확인 및 방문 제안
- 예산 편성 시즌 전: 관련 제안서 전달 및 맞춤 상담
- 학회/전시회 일정 전후: 방문 예정 안내 또는 현장 미팅 요청
- 연말/분기 종료 전: 결산 예산 활용 제안
- 새로운 제품 또는 업그레이드 소식 발생 시: 정보 제공

중요한 건 고객 타이밍에 우리가 맞춰 들어가는 것이다.

신규 고객 확보의 필요성과 접근 전략

B2B 영업은 일반적으로 타겟 고객층이 일정 부분 정해져 있다. 즉, 어떤 기업이 어떤 장비를 사용하는지 어느 정도 파악이 가능한 구조다. 이러한 환경 속에서 많은 영업사원들은 기존 고객 위주의 관리에 집중하게 되며, 그 결과 신규 고객 발굴에 대한 적극성이 부족해지는 문제가 생긴다.

그러나 기업의 성장을 위해서는 기존 고객 관리만으로는 한계가 분명하다. 시장 점유율을 확대하고, 매출을 성장시키기 위해서는 반드시 신규 고객 확보가 필요하다. 이를 위해 다음과 같은 전략을 실천할 수 있다:

1. 경쟁사 고객 분석

경쟁사의 장비를 사용 중인 고객 정보를 확보하고, 이들에게 자사 장비를 소개하는 방식이다. 고객을 직접 만나기 전 하루 5건 이상의 유선 접

촉을 통해 초기 관계를 시작하면, 고객으로부터 업계 정보나 내부 계획에 대한 실마리를 얻을 수 있다.

2. 학회·전시회에 적극 참여하자

학회나 전시회는 업계 관계자들이 한자리에 모이는 소중한 기회이다. 많은 고객분들이 시장과 기술의 흐름(Trend)을 파악하고, 새로운 정보를 얻기 위해 참석한다. 우리 역시 단순히 참가하는 데 그치지 말고, 영업 기회로 적극 활용해야 한다.

1) 핵심 포인트
- 고객과 경쟁사가 모두 모인다!
- 전시회는 고객은 물론 경쟁사도 참여하는 자리이다.
- 우리는 경쟁사와 차별화된 전략으로 고객의 관심을 끌어야 한다.

예: 단순 카탈로그 제공이 아닌, 데모, 체험기회, 맞춤형 상담 제공 등

2) 무엇에 관심 있는지 파악하자
- 고객들은 어떤 기술에 관심을 가지는지, 어떤 문제를 해결하고 싶은지를 찾아야 한다.
- 이를 위해 전시 전, 타겟 고객군의 니즈를 미리 조사하거나, 현장에서 대화를 통해 파악하자.

3) 우리 부스로 어떻게 끌어올까?
- 고객이 자발적으로 다가오게 만들 전략이 필요하다.

- 문제 해결형 콘텐츠 제공: 고객이 평소 겪는 문제나 니즈를 공감할 수 있는 문구나 사례를 부스 외부에 배치해, 나에게 필요한 정보일지도 모른다는 생각이 들게 유도한다. (예: 분석 속도를 30% 단축한 연구소의 비밀, 궁금하지 않으신가요?)
- 참여형 체험 요소: 간단한 퀴즈, 설문, 또는 시연 예약 시스템 등 고객이 직접 참여해 보고 싶은 요소를 마련한다.
- 현장 한정 정보/혜택 제공: 전시 기간에만 공개되는 실제 사례, 데이터, 혜택 정보 등을 미리 예고하여 궁금증 유발.
- 감성 자극 요소: 트렌디한 디자인의 소형 굿즈나 감성적인 메시지를 담은 엽서 등을 제공하며, SNS 공유를 유도해 자연스럽게 홍보 효과를 증폭시킵니다.
- 짧고 인상적인 문구 배치: 10분 투자로 알 수 있는 FIB 핵심 포인트처럼, 고객의 시간을 아껴 주면서도 궁금증을 유발하는 문구를 전면에 배치한다.

4) 리드를 확보하자

관심을 보인 고객은 반드시 기록하고, 명함을 받아 두자.

전시회 후 이들을 잠재 고객 리스트로 정리하고, 후속 미팅이나 제안으로 연결하는 것이 중요하다.

5) 현장에서 실천할 것

전시회 전:

→ 어떤 고객이 올지 리스트업하고, 대응 시나리오 준비

→ 경쟁사 부스 체크 및 비교 전략 수립

전시회 중:

→ 고객의 관심사 질문하며 대화 유도

→ 명함 확보 + 대화 내용 간단히 메모

전시회 후:

→ 리드 정리, 후속 미팅 요청 메일 또는 전화

→ 영업 CRM에 기록하여 지속 관리

Tip:

단순히 그날 사람들 많았어로 끝나는 전시회는 의미 없다.
누구와 어떤 대화를 나눴고, 어떤 기회를 만들었는가가 중요하다.

6) 전시회는 브랜드 노출보다 실질적인 리드 창출의 기회로 만들어야 한다!

7) 관계자 네트워킹 활용

학회나 행사에서 만나는 타 업체 종사자들과의 친밀도를 높이면, 예상치 못한 유용한 고객 정보를 얻을 수 있다. 이들은 동일한 고객군을 타겟으로 하지만 제품군은 다르기 때문에, 상호 정보 교류가 가능하다.

▶ **영업은 과학적인 고객관리 프로그램으로 하라(CRM)**

요즘 대부분의 기업은 고객관리시스템(CRM: Customer Relationship Management)을 활용해 영업 활동을 체계적으로 관리하고 있다. 영업사원 역시 이를 적극적으로 활용함으로써 자신의 영업 스킬을 확장할 수 있으며, 고객과의 관계 형성 및 진행 상황을 보다 명확하게 파악할 수 있다.

CRM의 가장 큰 장점은 고객과의 모든 접점과 진행 상태를 시각화 할 수 있다는 점이다. 고객과의 첫 접촉 시점, 관심 제품, 후속 일정, 응대 이력 등 다양한 데이터를 체계적으로 기록하고 분석함으로써, 영업의 성공 가능성을 높이고 실패 요인을 명확하게 분석할 수 있다.

특히 B2B 영업은 고객군이 비교적 정해져 있고, 도입하려는 장비의 성격도 유사한 경우가 많다. 이럴수록 CRM을 통한 과학적 접근이 더욱 유효하다. 고객의 구매 주기, 예산 시점, 과거 구매 이력 등을 데이터로 분석하여, 가장 적절한 시기에 정확한 제안을 할 수 있다.

무엇보다 중요한 것은, CRM에 기록되는 내용이 객관적이고 고객 중심의 시각으로 작성되어야 한다는 점이다. 예를 들어 단순히 고객이 관심을 보임이라고 적는 것이 아니라, 타사 장비와의 비교 후 가격 및 A/S 조건에 관심을 보임. 내부 도입 검토 중과 같이 구체적으로 진행 상황을 설명해야 한다.

또한 과거 실패 사례도 CRM에 반드시 기록해야 한다. 고객이 왜 경쟁사 제품을 선택했는지, 자사 제품에 대한 우려는 무엇이었는지 등을 분석함으로써, 다음 번 고객의 장비 투자 시 더 나은 전략을 세울 수 있는 기반이 된다.

CRM 활용의 이점

- 고객과의 모든 접점 기록 → 후속 대응에 활용: 진행 상황을 주관적 해석이 아닌, 고객 입장에서 서술

- 실패 사례 기록 → 다음 기회에 보완 전략 수립
- 고객 입장에서 진행 상황 정리 → 객관적 보고 및 분석 가능
- 데이터 기반 의사결정 → 예측 가능한 영업 전략 수립
- 고객의 현재 상황뿐만 아니라, 향후 계획이나 조직 내 의사결정 구조도 함께 기재

CRM 기록 시 주의사항
- 고객 발언은 사실 중심으로 서술
- 진행 상황은 영업사원 관점이 아닌 고객 관점에서 작성
- 실패 이유를 분석하여 기록(가격, 기능, 타이밍 등): 실패 사례도 회피하지 말고 냉정하게 분석하여 기록
- 관심 있음 대신, A사 장비와 비교 중이며 유지보수 조건에 민감함처럼 구체적으로 작성

CRM은 단순한 기록 도구가 아니라, 미래의 영업 성공률을 높이기 위한 전략 자산이다. 체계적인 고객 관리를 통해 고객의 마음을 읽고, 더 정밀한 제안을 할 수 있을 때 영업의 질은 한 단계 더 성장하게 된다.

▶ **CRM을 활용한 과학적 영업 관리: Project Management 방식의 접근**

1. 기존 CRM의 한계와 새로운 접근

기업들이 CRM(Customer Relationship Management)을 통해 영업 활동을 체계적으로 관리하는 사례가 점차 늘어나고 있습니다. 하지만 대부분의 CRM 사용 방식은 고객 방문 기록, 영업 기회 등록, 클로징 여부 등의 단편적인 정보 관리에 그치는 경우가 많습니다. 이러한 방식은 단기적인 성과 측정에는 유용하지만, 고객을 리딩하며 전략적으로 클로징을 이끌어 내는 데는 한계가 있다.

이를 극복하기 위해 Project Management(PM) 방식의 CRM 활용이 필요한다. 단순한 기록 중심의 CRM을 넘어서, 고객별 영업 프로세스를 하나의 프로젝트로 정의하고, 단계별 계획을 수립하며, 예측 가능한 클로징 시점을 목표로 체계적으로 실행하는 접근이다.

2. 고객 중심의 PM 기반 영업 전략
- 고객 A 사례를 통한 설명

고객 A가 있다고 가정해 보자. 이 고객은 약 6개월 이내에 장비 도입을 고려하고 있으며, 예산도 일부 확보되어 있는 상황이다. 이 경우 단순히 방문을 반복하는 것이 아니라, 고객과의 영업 활동을 아래와 같이 사전 기획된 프로젝트로 설계할 수 있다.

단계	주요 활동	시기	목적
1차 방문	고객 니즈 파악, 예산 유무 확인	4월 11일	고객 상황 이해
2차 방문	제품 개요 및 장비 설명	4월 18일	관심도 향상
3차 방문	기술자료 제공, 데모 일정 논의	5월 초	비교 검토 유도
중간점검	경쟁사 비교자료 제공, 차별성 강조	5월 말	구매 의사 확장
보고 직전 접촉	고객 보고 일정 파악, 전일 상담	6월 말	의사결정 영향력 강화
클로징 목표	피드백 수렴 후 오더 유도	7월 초	계약 체결

이와 같은 계획은 고객이 예상한 클로징 시기(6개월 후)보다 앞선 5개월 내 클로징을 목표로 하고 있으며, 전 과정이 고객의 내부 의사결정 구조와 일정에 맞춰 조율되어 있다.

3. PM 방식의 장점
- 고객 리딩 강화
- 고객의 결정을 기다리는 것이 아닌, 사전에 예측하고 계획하며 주도적으로 접근한다.
- 클로징 예측력 향상
- 각 단계마다 고객 반응을 평가하고 진척도를 기록함으로써, 정확한 클로징 시점을 예측할 수 있다.
- 전사적 협업 가능
- 사전에 일정과 역할이 명확해지므로, 영업뿐 아니라 기술지원, 마케팅 부서와의 협업도 체계화된다.
- 경쟁사 대비 우위 확보
- 비교자료 제공, 전략적 데모 타이밍 설정 등으로 경쟁사보다 한발 앞선 대응이 가능하다.

4. 실행을 위한 CRM 개선 방향

기존 CRM 시스템에 다음과 같은 기능을 추가하거나 강화하는 것이 필요하다.
- 프로젝트형 고객 관리 템플릿 도입
- 고객별 단계별 계획을 수립할 수 있는 Gantt Chart 형태의 플래너 기능
- 클로징 목표일 설정 및 경과 관리
- 보고 일정, 의사결정자 정보 입력란 추가
- 중요 이벤트 자동 알림 기능

Gantt Chart(간트 차트)란?

Gantt Chart는 프로젝트의 작업 일정, 진행 상황, 담당자 등을 시각적으로 표현한 바형 차트이다. 주로 프로젝트 관리에 사용되며, 각 작업의 시작일과 종료일, 작업 간의 연관 관계 등을 한눈에 볼 수 있도록 도와준다.

주요 목적

- 프로젝트의 전체 흐름 파악
- 업무의 우선순위 설정
- 일정 지연 요소 조기 인식
- 팀원 간 협업 및 진행 상태 공유

기본구성요소	설명
작업(Task)	수행해야 할 세부 업무(예: 고객 1차 방문, 제품 데모 등)
타임라인	작업이 진행되는 시간 축(예: 주, 월 단위)
바(Bar)	각 작업의 시작일~종료일까지의 기간을 가로 막대로 표시
종속성(Dependency)	어떤 작업이 완료되어야 다음 작업이 시작되는지를 연결선으로 표현
진행률	막대 내부 색상 또는 %로 표시(예: 60% 완료)

예시: 고객 A에 대한 Gantt Chart(PM 방식 영업관리)

작업 단계	시작일	종료일	진행률	비고
1차 방문	2025-04-11	2025-04-11	100%	예산 확인
2차 방문(제품 소개)	2025-04-18	2025-04-18	100%	제품 설명
3차 방문(기술 Q&A)	2025-05-02	2025-05-02	50%	데모 준비중
데모 진행	2025-06-10	2025-06-11	0%	예정
비교자료 전달 및 상담	2025-06-20	2025-06-20	0%	경쟁사와 비교
보고 전 고객 재방문	2025-06-24	2025-06-24	0%	의사결정 지원
클로징(오더 확정)	2025-07-01	2025-07-02	0%	목표

이 차트를 통해 각 작업이 언제 수행되어야 하며, 지금 어디까지 진행되었는지를 시각적으로 확인할 수 있다. 특히 여러 고객이 동시에 진행될 경우, 각 고객 프로젝트의 일정 충돌이나 우선순위도 쉽게 조율할 수 있게 된다.

5. 결론

CRM은 단순히 데이터를 입력하고 관리하는 시스템이 아니라, 고객을 리딩하고 계약을 성사시키는 전략 플랫폼이어야 한다.

여기에 Project Management(PM) 방식을 접목하면, 각 고객을 하나의 진행 중인 프로젝트로 바라보는 사고가 가능해진다. 이는 고객과의 관계를 단순한 거래가 아니라, 목표와 마일스톤을 가진 과정으로 인식하게 해 준다.

심리적으로 사람은 막연한 일보다는 구조화된 계획과 진척 상황을 볼 때 더 집중하고 책임감을 느끼게 된다. PM 방식의 CRM 활용은 영업사원에게 해야 할 일이 아니라 이뤄 낼 수 있는 목표로 고객을 바라보게 만들며, 이는 업무 몰입도와 성공 가능성을 높이는 데 큰 도움이 된다.

CRM을 단순한 도구가 아닌 고객과의 접점을 전략적으로 설계하고 관리하는 성과 중심의 사고 방식으로 전환할 때, 영업 조직은 더 정교하고 체계적으로 진화할 수 있다.

▶ **목표는 구체적으로 세워라 - SMART 원칙**

영업사원이 설정하는 목표는 단순히 매출 1등을 하겠다거나 고객을 많이 만나겠다는 식의 추상적인 수준이 되어서는 안 된다. 목표는 명확하고 측정 가능하며 행동 중심적이어야 하며, 실현 가능하고 일정 안에 달성될 수 있어야 한다. 이를 위해 전 세계적으로 널리 사용되는 기준이 바로 SMART 원칙이다.

SMART는 다음과 같은 다섯 가지 요소로 구성된다:

1. S - Specific(구체적이어야 한다)
목표는 명확하고 구체적으로 표현되어야 한다.
잘못된 예: 더 열심히 일하겠다.
좋은 예: 2025년 상반기까지 신규 고객 10곳을 발굴하겠다.
영업에서는 고객 수, 매출 금액, 계약 건수, 방문 횟수 등 구체적인 수치를 넣어 목표를 설정해야 한다. 그래야만 목표에 대한 동기부여도 높아지고, 나아갈 방향도 분명해진다.

2. M - Measurable(측정 가능해야 한다)
목표는 반드시 수치화되어야 하며, 성과를 평가할 수 있어야 한다.
예: 이번 분기 3억 원의 수주 목표를 달성하겠다.
측정이 가능해야 중간 점검을 통해 달성률을 확인하고 방향 수정도 가능해진다.

3. A - Action-Oriented(행동 중심이어야 한다)
목표는 단순히 결과만이 아닌, 실행할 수 있는 행동 계획을 포함해야 한다.

예: 매주 10명의 고객을 직접 방문하고, 그중 2곳 이상에서 제품 시연을 진행한다.

실제 영업 활동은 고객 접촉, 제안서 발송, 기술 미팅 등 여러 단계를 포함한다. 따라서 목표도 이를 실행할 수 있는 수준으로 쪼개어 설정해야 한다.

4. R - Realistic(현실적이어야 한다)

도전적이지만 현실적으로 달성 가능한 수준의 목표여야 한다.

예: 한 달에 신규 고객 2곳 확보는 바쁜 영업 일정 속에서도 노력하면 가능하지만,

매일 계약 1건 성사 같은 목표는 비현실적이며 오히려 동기 저하를 유발할 수 있다.

영업사원은 자신의 경험과 시장 상황, 제품 주기, 고객 반응 속도 등을 고려하여 현실적 기준으로 목표를 세워야 하며, 상사와 주기적인 리뷰를 통해 조정하는 것도 필요하다.

5. T - Timely(시간 기반이어야 한다)

목표에는 반드시 마감 시점(Time-bound)이 포함되어야 한다.

예: 2025년 2분기 내에 5억 원 수주를 달성하겠다.

시간을 명확히 설정하면 집중력이 높아지고 우선순위도 명확해진다.

또한 연간 목표를 설정한 후, 이를 분기, 월, 주 단위로 세분화하면 행동계획을 보다 체계적으로 구성할 수 있다.

SMART 목표 예시

항목	예시 목표
Specific	"신규 대학 연구소 고객 3곳 발굴"
Measurable	"월별 1.5억 원 수주 달성"
Action-Oriented	"매주 고객 방문 5회 이상 + 시연 1회"
Realistic	"2025년 상반기 내 신규 5건 계약 체결"
Timely	"3월 말까지 장비 데모 3건 세팅 완료"

실전 팁: SMART 목표 수립 체크리스트

- 이 목표는 구체적인가?
- 성과를 수치로 측정할 수 있는가?
- 실현 가능한 행동 계획이 있는가?
- 내 업무 환경에서 현실적인 수준인가?
- 달성 시점은 명확한가?

SMART 원칙은 단순한 이론이 아닌, 영업 실적을 개선하는 강력한 도구다. 이를 바탕으로 매일의 영업 활동을 설계하고, 성과를 점검하며 성장할 수 있다. 명확한 목표 없이 결과를 기대하는 것은, 나침반 없이 항해하는 것과 다름없다.

▶ 목표를 달성하는 영업사원으로 거듭나는 방법

탁월한 영업사원이 되기 위해 필요한 요소는 단순히 제품 지식이나 열정만이 아닙니다. 고객의 마음을 얻고, 신뢰를 쌓아 가며, 목표를 달성하는 영업사원이 되기 위해서는 태도, 소통 능력, 꾸준함이라는 핵심 요소들이 중요하다. 아래의 세 가지 핵심 전략을 통해 더욱 매력적인 영업사원으로 거듭날 수 있다.

1. 웃는 얼굴과 조절된 목소리 톤으로 신뢰를 이끌어라

고객과의 첫 만남, 짧은 순간이지만 인상을 좌우하는 데 큰 영향을 미친다. 이때 가장 중요한 무기는 밝은 표정과 조절된 목소리이다.

- 웃는 얼굴은 호감의 시작이다. 상대방을 편안하게 만들고, 자연스럽게 대화를 이어 갈 수 있는 분위기를 조성한다. 웃는 얼굴은 무의식적으로 이 사람은 신뢰할 수 있는 사람이라는 인상을 심어 준다.
- 목소리의 크기와 음정 조절은 메시지 전달력의 핵심이다. 제품의 장점을 강조할 때는 목소리의 높낮이와 강약을 조절하여 고객의 이목을 집중시키자. 단조로운 설명보다 감정을 실은 대화가 훨씬 더 기억에 남는다.

결국, 좋은 인상은 관계의 시작이며, 고객과의 신뢰를 구축하는 첫 단추이다.

2. 고객이 다시 찾고 싶어지는 매력적인 사람이 되어라

단순한 정보 전달자가 아닌, 고객에게 긍정적인 감정을 안겨 주는 존재가 되어야 한다.

- 고객은 이 사람을 만나면 유익하다, 즐겁다, 새로운 정보를 얻는다고 느낄 때, 스스로 다시 연락하고 싶어진다.
- 영업사원 A라는 사람이 항상 유쾌하고, 대화에 센스가 있으며, 업계 정보에 밝고, 고객의 상황에 진심으로 관심을 가진다고 느껴진다면,

고객은 자주 A를 떠올릴 것이고, 결국 거래로 이어지게 된다.
- 정보뿐 아니라, 때로는 고객이 외부에서 얻기 어려운 관심과 공감을 주는 것이 가장 강력한 매력이 된다.

고객이 당신이라서 연락한다고 말할 수 있도록, 사람으로서의 매력을 함께 갖추는 것이 중요한다.

3. 절대 포기하지 말고, 고객의 니즈를 정확히 파악하라

영업 현장에서 좌절은 자주 찾아온다. 특히 경쟁사 제품으로 마음이 굳어지는 고객을 상대할 때는 무력감을 느끼기 쉽다. 하지만 이럴수록 기회는 숨어 있다.

- 중요한 것은 고객이 진짜 원하는 것이 무엇인지 정확히 파악하는 능력이다. 제품 가격, 성능, 서비스, 납기, 사후관리 중 어디에 무게를 두고 있는지 섬세하게 관찰하고, 고객의 관점에서 다시 제안해야 한다.
- 고객이 이 사람은 나를 잘 이해한다고 느낀다면, 기존의 고정관념은 무너지고 새로운 가능성이 열린다.
- 특히, 이런 과정에서 신뢰가 깊어질수록 고객은 점차 충성고객으로 전환된다. 한 명의 충성고객은 열 명의 잠재 고객보다 더 강력한 자산이다.

포기하지 않는 태도, 그리고 고객 맞춤형 제안 능력은 영업 성공의 가장 강력한 무기이다.

결론

영업은 단순히 제품을 파는 행위가 아니라, 사람과의 관계를 만드는 과

정이다. 밝은 표정, 매력적인 태도, 포기하지 않는 집념이 모이면, 단순한 세일즈맨이 아니라, 고객이 신뢰하고 찾게 되는 파트너가 될 수 있다. 목표 달성은 자연스러운 결과로 따라올 것이다.

▶ Give and Take: 영업 현장에서의 전략적 교환

영업 현장에서는 자주 마주하게 되는 상황이 있다. 고객이 자사 제품을 선택해주는 대신, 가격 인하나 추가 서비스를 요구하는 것이다. 이럴 때 단순히 고객의 요구를 수용하기보다는, 서로에게 이익이 되는 방향으로 교환의 조건을 설정하는 전략이 필요한다. 이것이 바로 현명한 영업사원이 사용하는 Give and Take 전략이다.

1. 고객의 요구를 기회로 바꾸는 사고방식
고객이 다음과 같은 요구를 해 올 때가 있다:

- 이 제품을 선택할 테니 가격을 ××% 낮춰 달라
- 같이 설치하는 다른 장비나 소모품도 무상으로 제공해 달라
- 시운전 외에도 장비 교육을 추가로 해 달라

이러한 요구는 처음에는 부담으로 느껴질 수 있지만, 교환의 기회로 삼는다면 오히려 장기적인 이익으로 연결될 수 있다.
Point: 고객의 요구에 일방적으로 끌려가지 말고, 반드시 그에 상응하는 가치를 제안하라.

2. 영업사원이 제안할 수 있는 전략적 조건들

고객의 요구를 들어주는 대신, 다음과 같은 항목을 제안해 보자.

① 장비를 Demo(전시) 장비로 활용할 수 있도록 허락받기
- 장비 설치 후, 다른 고객에게 실물을 보여 줄 수 있도록 Demo 방문 허용 요청
- 필요 시, 단기 시연용 브로셔나 동영상 촬영에 협조 요청

② 논문 또는 연구 발표 시 자사 장비 언급 요청
- 장비를 이용해 연구 결과를 도출할 경우, 관련 논문 또는 포스터에 자사 장비명을 명시하도록 제안
- 예: This research was performed using the [회사명] [모델명] system.

③ 생성된 데이터를 마케팅에 활용할 수 있도록 요청
- 고객이 생성한 고품질 데이터를 자사 영업 자료, 발표자료, 웹사이트, 브로셔 등에서 활용할 수 있도록 공유 요청
- 가능하다면 공동 세미나 또는 웨비나 발표 협업도 추진

고객에게는 가격 할인이라는 실리를 제공하고, 회사에는 장비 노출과 신뢰도 상승이라는 가치를 되돌려주는 셈이다.

3. 전략적 교환의 효과

이러한 Give and Take 전략은 단순히 한 번의 판매를 넘어, 다음과 같은 장기적 효과를 가져옵니다.
- 브랜드 신뢰도 상승: 실제 사용 사례(Demo, 논문 등)를 통해 시장 내에서의 신뢰가 빠르게 구축됨

- 영업 효율 증대: '어디 설치되어 있나요?'라는 질문에 즉각적인 실사용 사례를 제시 가능
- 고객과의 관계 강화: 고객은 자신의 가치가 존중받는다는 느낌을 받으며, 추후 충성고객으로 성장 가능

결론: 영리하게 주고받는 것이 진짜 영업력이다

단순히 가격을 깎아 주거나 서비스를 추가 제공하는 것은 일시적인 만족일 뿐, 지속 가능한 관계로 이어지기 어렵다.

진짜 프로는 고객의 니즈를 경청하는 동시에, 자사의 이익과 브랜드 전략까지 고려해 전략적 맞교환(Give and Take)을 제안할 줄 안다.

심리적으로 고객은 일방적인 혜택보다, 공정하고 합리적인 교환에서 더 큰 만족과 신뢰를 느낀다. 즉, 고객이 내가 얻은 만큼 상대도 얻었다 고 느끼는 순간, 관계는 거래를 넘어 신뢰로 전환된다.

영업사원은 단순히 '주는 사람'이 아니라, 상황을 주도하고 판을 설계하는 교섭의 중심이 되어야 한다.

이러한 마인드로 접근할 때, 고객과의 관계는 더욱 탄탄해지고, 자사의 가치는 자연스럽게 상승하며, 진정한 지속 가능한 세일즈가 실현된다.

▶ 고객을 이기려 하지 마라: 영업 관계에서의 대화 전략

영업은 단순한 정보 전달이나 설득이 아니라, 관계 형성과 신뢰 구축이 핵심이다. 때로는 고객과의 대화 중에 의견 차이나 기술적 오해가 발생하기도 한다. 이때 가장 중요한 것은 고객과 논쟁하지 않는 태도, 즉 이기려

하지 않는 자세이다.

1. 고객의 주장에 즉각적으로 반박하지 말라
영업 현장에서 다음과 같은 상황은 흔히 발생한다.

- 고객이 어떤 기술적 개념이나 제품의 원리에 대해 틀리게 알고 있을 경우
- 자사 제품의 기능이나 성능에 대해 오해하고 있는 경우
- 논문이나 자료에서 나온 내용과는 다른 주장을 하는 경우

이럴 때, "그건 틀리셨습니다. 그건 책에 보면 이런 설명이 있습니다."라고 바로잡으려는 태도는 오히려 고객을 곤란하게 만들고, 감정적으로 밀어내는 결과를 낳을 수 있다.

고객을 가르치려 드는 순간, 영업은 실패로 이어진다.

고객의 의견을 우선 수용한 후, 부드럽게 관점을 넓혀 주는 접근이 필요하다.

2. '그럴 수도 있겠습니다'라는 유연한 대답의 힘
고객의 주장이 다소 부정확하더라도, 먼저 인정하는 태도를 보이는 것이 중요하다.

"그럴 수도 있겠습니다, 그렇게 해석할 여지도 있는 것 같습니다, 실제로 그런 의견도 일부 논문에서 볼 수 있었던 것 같습니다."

이러한 표현은 고객의 자존심을 지켜 주고, 대화의 분위기를 부드럽게

유지하는 데 큰 도움이 된다. 이후 천천히 객관적 자료나 논리를 제시하면, 고객 스스로 판단할 수 있는 여지를 준다.

3. 고객의 오해가 자사 제품에 불리하게 작용할 경우
물론, 고객의 인식이 자사 제품의 신뢰도에 영향을 줄 정도로 심각한 오해라면, 이를 바로잡는 것도 영업사원의 책임이다. 단, 이때에도 중요한 것은 사실 중심의 객관적 자료를 활용하는 것이다.

- 고객이 이 장비는 정확도가 떨어지는 걸로 알고 있다고 말했을 때:
→ 그런 의견이 예전에 있었습니다만, 최근에는 이런 성능 개선이 이루어졌고, 실제로 ○○ 논문에서 이러한 데이터를 보실 수 있습니다.
→ 실제로 다른 고객사에서는 이런 방식으로 사용하고 좋은 결과를 얻었습니다.

이처럼 감정을 배제하고, 신뢰할 수 있는 근거를 제시하면서 설명하는 것이 설득의 핵심이다.
팁: 논문, 사용자 평가, 공식 시험 결과, 다른 고객 사례는 가장 설득력 있는 자료이다.

4. 고객과의 관계는 이기는 대화가 아닌 이어 가는 대화로
영업에서 논리적 승리는 의미가 없다. 관계가 단절되면 거래도 끝이기 때문이다. 고객은 자신이 무시당하거나 틀렸다고 지적 받았다는 감정을 오래 기억한다.

- 고객이 틀린 말을 해도 이해하려는 태도를 먼저 보여 주자.
- 영업사원은 항상 상대의 체면을 지켜 주는 사람이어야 한다.
- 중요한 정보는 교정이 아니라 공유의 방식으로 전달해야 한다.

결론: 고객을 이기려 하지 말고, 설득보다 존중하라

영업사원은 제품을 파는 사람 이전에, 신뢰를 쌓는 사람이다. 고객의 지식을 지적하고 반박하는 순간 관계는 멀어지고, 신뢰는 무너진다. 반대로, 고객의 의견을 존중하고, 필요한 경우에는 객관적인 자료를 바탕으로 부드럽게 설명하는 자세를 유지한다면, 고객은 마음을 열고, 장기적인 파트너로 이어질 수 있다.

결국, 영업은 상대를 이기는 것이 아니라 같이 가는 길을 만드는 과정이다.

영업 활동은 고객과 얼굴을 마주하라

오늘날 영업 환경은 디지털 기술의 발전과 함께 빠르게 변화하고 있다. 이메일, 문자 메시지, 전화, 심지어 화상 회의까지 다양한 비대면 채널이 활성화되면서 많은 영업사원들이 고객 접촉의 편리함을 이유로 대면 활동을 줄이는 추세다. 그러나 영업의 본질은 사람과 사람 사이의 신뢰이며, 이 신뢰는 결국 직접 만남을 통해 형성되는 경우가 가장 많다.

▶ **고객을 만나야 진짜 니즈(Needs)가 보인다**

전화나 이메일로 고객과 커뮤니케이션을 하는 경우, 고객이 처한 상황이나 생각을 정확히 파악하기는 어렵다. 고객은 말로 자신의 고민을 100% 표현하지 못할 수도 있고, 때로는 의도적으로 자신의 요구를 감추기도 한다. 그러나 직접 만나 상담을 하다 보면, 고객의 표정, 말투, 시선, 반응 속도 등 다양한 비언어적 요소들을 통해 고객의 진짜 니즈를 파악할 수 있는 기회가 생긴다.

가령, 제품 설명 중 고객이 살짝 인상을 찌푸리거나 고개를 갸우뚱하는 모습을 보면, 그 순간 어떤 부분이 마음에 들지 않았는지 유추할 수 있다. 또는 설명을 듣는 도중 고객이 동료와 눈을 마주치며 고개를 끄덕이는 모습을 통해, 해당 제품이 그들에게 긍정적으로 받아들여지고 있다는 사실을 확인할 수도 있다. 이러한 사소해 보이는 반응들이야말로 전화나 이메일로는 절대 알 수 없는 소중한 단서들이다.

▶ 관계 형성과 신뢰는 만남에서 시작된다

영업 활동에서 성공의 핵심은 고객과의 관계 형성이며, 그 관계는 반복된 만남을 통해 자연스럽게 쌓인다. 처음에는 형식적인 인사로 시작되더라도, 두 번째, 세 번째 만남을 거치면서 고객은 점차 마음을 열고, 개인적인 이야기나 고민을 털어놓기도 한다. 그렇게 되면 단순한 거래 상대가 아닌, 고객의 문제를 함께 고민하고 해결해 주는 파트너로 인식되기 시작한다.

특히 B2B(기업 간 거래)나 고가 장비, 기술 기반의 영업 활동에서는 고객이 신뢰를 갖기까지 시간이 걸리는 경우가 많다. 제품의 성능이나 사양만으로는 설득력이 부족하며, 결국 사람이 신뢰를 주는 것이 결정적인 역할을 한다. 이때, 자주 만나서 대화를 나누고, 고객의 이야기를 경청하는 것이야말로 신뢰 형성의 가장 빠른 길이다.

만남은 정보의 보고이자 기회의 시작이다

고객과의 만남은 단순한 정보 전달의 자리가 아니다. 현장에서 고객과의 대화를 통해 얻을 수 있는 정보는 예상을 훨씬 뛰어넘는다. 경쟁사 제품에 대한 이야기, 업계 동향, 고객 조직 내부의 변화 등은 공식적인 루트를 통해서는 얻기 힘든 정보들이다. 이런 정보들이 모이면 향후 전략 수립과 제안서 작성, 입찰 경쟁에서 큰 무기가 된다.

또한 고객의 현재 니즈뿐만 아니라 미래 니즈를 예측할 수 있는 단서도 만남 속에서 발견된다. 이를 바탕으로 고객보다 한 발 앞서 솔루션을 제안한다면, 경쟁사보다 유리한 고지를 선점할 수 있다.

결론

디지털 시대에도 변하지 않는 영업의 기본은 사람과의 신뢰 관계다. 그리고 그 신뢰는 단 한 번의 이메일이나 전화로는 얻을 수 없다. 고객을 자주 만나고, 진심을 담아 이야기를 나누며, 얼굴을 마주한 상담을 통해 고객의 속마음을 이해하는 것이야말로 영업 성공의 확실한 길이다.

영업은 결국 사람이다. 고객을 자주 만나자. 그리고 그 만남 속에서 진짜 기회를 찾자.

▶ 매일 한 명 이상의 고객을 만나야 하는 이유

영업 성과는 꾸준한 만남에서 시작된다

영업 활동에서 가장 중요한 것은 고객과의 지속적인 접촉이다. 아무리 제품이 좋고 제안서가 뛰어나더라도, 고객과의 신뢰 관계없이 성과를 기대하긴 어렵다. 그렇기에 영업사원은 스스로의 기준을 하루에 최소 한 명 이상 고객을 만나는 것으로 정해놓고 실천해야 한다.

단순히 숫자를 채우는 것이 아니라, 고객을 체계적으로 분류하고, 방문의 우선순위를 설정하여 계획적으로 만나야 한다. 효과적인 영업 활동은 전략적인 방문 계획에서 시작된다.

1. 고객 우선순위 설정: 다섯 가지 유형

고객은 크게 다음과 같이 나눌 수 있으며, 각기 다른 접근 방식이 필요하다:

- 1개월 이내 PO 가능성이 높은 핵심 고객

→ 즉각적인 성과가 가능한 고객으로, 매주 혹은 격일로 집중 관리 필요.
- 6개월 이내 가망 고객

→ 주기적인 방문과 정보 제공을 통해 니즈를 구체화시키고 경쟁사를 이길 전략이 필요하다.
- 1년 이상 장기 잠재 고객

→ 자사 브랜드에 대한 인식을 높이고, 기술이나 사례 중심의 정보 제공이 핵심이다.
- 현재 자사 장비를 사용하는 기존 고객

→ 사후관리, 업그레이드 제안, 장기 파트너십 형성을 위한 정기적 커뮤니케이션이 필요하다.
- 경쟁사 장비를 사용하는 잠재/가망 고객

→ 비교 우위 설명, 데모 제공, 문제 해결 중심 접근이 효과적이다.

이와 같은 고객 분류는 일간, 주간, 월간 단위의 방문 계획 수립에 있어 핵심 자료가 된다. 우선순위를 설정함으로써 영업 활동의 효율성과 명확한 목표 설정이 가능해진다.

2. 방문의 힘: 관계 형성, 정보 획득, 그리고 호감 상승

고객을 직접 만나는 것은 단순한 영업 활동이 아니다. 그 속에서 다음과 같은 강력한 효과들이 나타난다:

- 좋은 관계 형성: 지속적인 만남은 신뢰를 형성하고, 고객이 자신의 고민을 공유하는 계기를 만들어 준다.

- 정보 획득: 현장에서 듣는 고객의 목소리는 시장 동향, 경쟁사 활동, 투자 계획 등 다양한 힌트를 제공한다.
- 자사 제품 호감도 상승: 반복적인 정보 제공은 고객의 인식을 바꾸고, 결정 시점에서 자사 브랜드를 먼저 떠올리게 만든다.

특히 장비나 솔루션과 같은 고관여 제품일수록, 정보의 깊이와 고객과의 유대감이 성패를 가르는 요소가 된다.

3. 스마트 방문 전략: '1시간 이내 거리 고객'을 함께 만나라
방문 영업의 효율성을 높이기 위해 꼭 실천해야 할 전략이 있다.
바로 하루 한 곳을 방문할 때, 그 반경 1시간 이내의 가망 고객을 함께 방문하는 것이다. 이 전략을 실천하면 다음과 같은 이점이 생긴다:

- 이동 시간 절약, 일정 효율 극대화
- 가망 고객 리스트의 지속적 확대
- 우연한 기회가 실제 성과로 이어지는 가능성 증대

이를 일관되게 실천한다면, 주 5일 × 월 4주 × 연 12개월 = 연간 250건 이상의 고객 접점 확보가 가능하다. 이러한 리스트는 시간이 갈수록 자산으로 축적되며, 결국 성과로 이어지는 기반이 된다.

결론
영업은 계획과 반복, 그리고 관계의 예술이다. 매일 고객을 만나고, 철

저한 준비로 고객을 분석하며, 작은 접점을 기회로 바꾸는 반복적인 노력만이 진정한 성과로 이어진다.

하루에 한 명 이상, 꾸준히 그리고 전략적으로 만나라. 그 길의 끝엔 반드시 기회가 있다.

▶ 타이밍(Timing): 영업 성공의 결정적 순간을 포착하라

영업 활동을 하다 보면 고객이 제품 또는 장비를 선택할 시간이 점점 가까워지고 있다는 느낌을 받는 순간이 있다. 이 제품 선택의 타이밍을 정확히 파악하는 것은, 그 어떤 스킬보다 중요한 영업 역량 중 하나다. 영업사원이 이 시점을 민감하게 감지하고, 그에 맞춰 적절한 전략을 구사할 수 있다면, 성공 확률은 눈에 띄게 높아진다.

대부분의 고객은 일정한 검토 기간을 거쳐 장비 도입 여부를 결정한다. 이 시기 동안 고객은 다양한 경쟁 제품을 비교하고, 기술적 사양과 가격, 서비스 조건 등을 종합적으로 평가하게 된다. 이때 영업사원이 우리 제품만의 장점을 어떻게 부각시킬 것인지, 그리고 고객의 고민과 니즈에 어떤 솔루션을 제시할 것인지가 관건이다.

예를 들어, 고객이 장비 성능에 대한 우려를 드러내는 시점이라면, 기술적인 차별성과 성공 사례를 중심으로 설득을 시도해야 한다. 반면, 예산이나 납기일을 고민하고 있다면, 유연한 조건 제안이나 빠른 납품의 강점을 어필하는 것이 유리하다. 이처럼 고객의 관심사가 어디에 쏠려 있는지를 파악하고 그에 맞는 대응 전략을 세우는 것은, 단순한 제품 설명을 넘어선 맞춤형 제안의 시작이다.

하지만 중요한 것은, 이 타이밍을 놓치게 되면 영업 성공률은 급격히 하락할 수 있다는 점이다. 통계적으로도 결정 시기를 지나친 이후에 제안되는 영업은 30% 미만의 낮은 성공률을 보이는 경우가 많다. 고객 입장에서는 이미 유력한 후보군을 결정한 상태이기 때문에, 뒤늦은 접근은 선택의 폭에 영향을 주기 어렵다. 따라서 영업사원은 고객이 이제 결정할 때가 됐다고 느끼는 결정의 순간을 놓쳐서는 안 된다.

일반적으로 장비 및 솔루션 영업은 다음과 같은 절차로 이루어진다:

1. 첫 미팅 - 정보 수집의 시작
2. 고객을 만나 간단한 인사를 나눈 후, 고객의 질문을 듣고, 자사 장비에 대해 간단히 설명한다. 이때 영업사원은 단순 설명자가 아니라, 고객의 말속에서 진짜 니즈를 파악하는 청취자가 되어야 한다.
3. 자료 제공 - 장비 소개와 인식 심기
4. PPT나 브로셔 등을 통해 자사 장비의 특장점, 도입 사례, 기술적 우위를 설명한다. 목적은 제품 자체보다 우리 제품이 이 문제를 어떻게 해결해 줄 수 있는가를 전달하는 것이다.
5. 재방문 - 비교 분석과 반응 파악
6. 경쟁사 제품과의 비교, 고객이 주목하는 포인트에 대한 보완 설명, 가격/납기/AS 조건 등의 추가 정보를 공유한다.

이때 고객의 표정, 반응, 질문 유형을 통해 진짜 관심사와 장비 도입 계획의 윤곽을 파악해야 한다.

그렇다면 이 타이밍을 어떻게 포착할 수 있을까? 다음과 같은 신호들에

주목할 필요가 있다.

1. 고객이 자주 연락을 취하고, 세부 견적이나 조건을 요청하는 경우
2. 여러 제품의 장단점을 비교하는 질문이 많아지는 경우
3. 내부 검토 진행 상황에 대한 언급이 구체적으로 이루어지는 경우
4. 현장 실사, 데모 요청, 레퍼런스 문의 등이 급증하는 경우

예: 고객의 결정 시점을 알리는 5가지 신호

구분	고객의 행동 신호	해석	대응 전략
1	견적 요청 빈도 증가	진지한 내부 검토 단계	맞춤형 견적서 제공 및 유연한 조건 제시
2	경쟁사 제품과의 비교 질문	내부 후보군 압축 중	자사만의 기술적 차별점 강조
3	데모 요청/성능 테스트	실사용 적합성 검토	사용자 환경 맞춤형 데모 진행
4	납기일, 설치 일정 문의	실제 도입 일정 고려 중	납기 이점과 빠른 설치 가능성 어필
5	A/S, 유지보수 조건 질문	장기적 사용 가치 판단	서비스 신뢰도와 유지보수 이력 강조

이러한 신호들은 모두 고객이 결정을 앞두고 있다는 명확한 징후다. 이때 영업사원은 머뭇거릴 것이 아니라, 집중적인 커뮤니케이션과 맞춤형 제안을 통해 승부수를 던져야 한다. 제품의 기술력, 서비스 만족도, 레퍼런스, A/S 대응, 납기 가능성 등 고객이 민감하게 반응할 수 있는 모든 요소를 재정비하고, 고객의 구매 결정을 확실하게 밀어주는 최종 제안을 준비해야 한다.

결국 영업 활동은 단순한 정보 전달이 아니라, 고객의 구매 결정 과정

을 함께 동행하며 가장 적절한 순간에 가장 강력한 설득을 실행하는 일이다. 언제 무엇을 말할 것인가는 모든 영업 전략의 핵심이며, 이를 실현하는 영업사원이 바로 진짜 실력자다. 타이밍을 읽을 줄 아는 영업사원만이, 진정한 영업의 승자로 나아갈 수 있다.

▶ 영업 성공률을 위한 Timing의 속도와 적시성

1. 타이밍의 중요성

영업 활동에서 가장 중요한 순간 중 하나는 고객이 제품 선택의 기로에 서는 시점이다. 이 시기를 포착하지 못하면, 아무리 좋은 제품과 서비스를 제안해도 고객의 결정권 안에 들어가지 못할 가능성이 크다.

타이밍을 놓쳤을 때 영업 성공률
- 결정 시점 이전 접근: 성공률 70% 이상
- 결정 시점 이후 접근: 성공률 30% 미만

타이밍을 간과한 영업은, 문이 닫힌 후 노크하는 것과 같다.

2. 실전 사례: 타이밍을 포착한 영업 성공 이야기

성공 사례: K기업 전자현미경 도입 건
- 상황: K 기업 연구실은 고성능 FIB 장비 도입을 계획 중이었으나, 기존 공급사와 비교 후 최종 결정을 망설이고 있었다.
- 신호 포착: 고객이 견적서를 다시 한번 조정해서 보내 줄 수 있냐고 문의하며 납기일과 A/S 조건에 관심을 보임.

- 대응 전략:

→ 즉시 맞춤형 제안서 재작성

→ 레퍼런스 고객(서울 A연구소) 방문 주선

→ 빠른 납기, 설치 후 기술 세미나 무상 지원 제안

- 결과: 2주 후 자사 장비 계약 성사

핵심은 고객이 관심을 보일 때 곧바로 반응하고, 의사결정 포인트에서 경쟁사 대비 명확한 강점을 부각한 점이다.

3. 놓친 타이밍: 실패로 이어진 사례

실패 사례: B연구소 이미지 분석장비 제안 건

- 상황: 경쟁사보다 높은 기술력을 보유했음에도 불구하고, 고객과의 커뮤니케이션이 느림.
- 실패 원인:

→ 고객이 내부적으로 정리 중이라는 발언 이후 2주간 후속 접촉 없음

→ 그 사이 경쟁사 담당자가 현장 방문 및 레퍼런스 자료 제공

- 결과: 경쟁사와 계약 체결

늦은 대응은 곧 기회 상실로 이어진다. 영업은 속도와 적시성이 생명이다.

4. 타이밍을 잡기 위한 실전 팁

결정 시점 포착을 위한 체크리스트

☐ 고객이 최근에 견적 변경(가격에 대한)을 요청했는가?

☐ 경쟁사와 비교하는 질문이 잦아졌는가?

☐ 데모나 제품 테스트 요청이 있었는가?

- ☐ 납기, A/S, 조건에 대한 구체적 질문이 있었는가?
- ☐ 조직 내부 검토 중이라는 발언이 있었는가?

☑ 3개 이상 체크됐다면, 고객은 결정 직전에 있다. 지금이 바로 제안을 강화할 타이밍이다.

5. 타이밍을 놓치지 말고 결정 맥락을 읽어라

대부분의 영업 실패는 제품의 문제가 아니라 고객의 결정 타이밍과 주체를 제대로 파악하지 못한 데서 발생한다.

이때 영업사원은 다음 네 가지 질문에 대한 답을 확보해야 한다:

- 이 고객은 언제쯤 장비를 도입할 예정인가?
- 이 프로젝트의 예산은 확보되어 있는가?
- 결정을 내리는 사람은 누구이며, 그 사람은 지금 어떤 생각을 하고 있는가?
- 고객이 우리 제품을 통해 무엇을 기대하고, 어떤 부분에 가장 민감하게 반응하는가?

이러한 정보는 단순히 질문해서 얻는 것이 아니라, 대화의 맥락, 조직 구조, 의사 표현 방식 등을 종합적으로 분석하여 파악해야 한다.

니즈를 읽고, 솔루션을 제안하는 타이밍

고객의 니즈를 정확히 읽는다는 것은 고객도 인지하지 못한 문제까지 함께 찾아 주는 과정이다.

예를 들어 고객이 정확한 분석이 필요하다고 말할 때, 단순히 해상도나 기능만 설명할 것이 아니라,

어떤 분석 시나리오에서 정확도가 필요한지?, 과거에 문제가 된 사례는 있었는지? 등을 추가로 파악한후, 고객의 현실적 고민에 기반한 솔루션을 제시해야 한다.

그리고 결정권자에게 최적의 타이밍에 핵심 제안을 던질 수 있어야 한다.

모든 고객이 제안을 반복해서 들어 줄 시간은 없다. 한 번의 타이밍, 한 번의 멘트가 구매 결정을 좌우할 수 있다.

판단의 타이밍을 훈련하라

언제 무엇을 어떻게 제안할지 판단하는 것은 훈련이 필요하다.

제품 설명은 누구나 할 수 있지만, 누구에게, 어떤 흐름에서, 어느 타이밍에 제안해야 효과적인지는 경험에서 배워야 한다.

- 너무 빠르면 고객은 준비되지 않았고
- 너무 늦으면 경쟁사에 밀린다
- 적절한 타이밍에, 고객이 원하는 방식으로

→ 고객 중심의 설득이 성공의 열쇠다

이를 위해선 영업사원이 계속해서 고객의 반응을 기록하고 분석하며, 나만의 고객 커뮤니케이션 패턴을 확보해야 한다.

결론

영업은 제품을 파는 기술이 아니라, 사람의 마음을 읽고 결정의 흐름을 설계하는 기술이다 그리고 가장 중요한 영업은 타이밍 싸움이다.

고객이 결정을 내리기 직전의 골든 타임을 잡아 내는 능력은, 숙련된 영업사원을 만드는 핵심 역량이다. 이 시기를 놓치지 않기 위해서는 고객의 작은 신호에도 예민하게 반응하고, 가장 강력한 제안으로 경쟁사보다 한 발 앞서야 한다.

영업은 흐름이다. 흐름의 맥을 짚는 자만이 성과를 얻는다.

적절한 순간에, 적절한 제안을 하라. 그 순간이 당신의 계약서를 결정한다.

▶ 고객과의 만남, 그 30분의 중요성

미리 도착하여 준비하는 습관이 고객과의 관계를 결정한다

1. 최소 30분 전 도착: 성공하는 영업인의 기본 태도

고객과의 만남은 단순한 약속이 아니라, 신뢰를 쌓아 가는 중요한 접점이다.

그렇기 때문에 약속 시간보다 최소 30분 먼저 도착하는 것은 단순한 예의 차원을 넘어서, 성공적인 상담의 준비 단계이다.

이 30분은 단순히 기다리는 시간이 아니라, 상황을 통제하고 주도권을 갖기 위한 골든 타임이다.

이 시간을 어떻게 활용하는가에 따라 상담의 방향이 달라지고, 고객의

신뢰를 얻는 정도도 달라진다.

왜 30분 전 도착이 중요한가?
- 교통 상황, 방문 절차 등의 변수로 인한 지각 위험 최소화
- 여유 있는 마음가짐으로 미팅에 임할 수 있음
- 고객보다 먼저 도착하여 진정성과 성실함을 보여 줄 수 있음
- 장소나 환경에 적응하며 긴장 완화

2. 미팅 전 30분, 어떻게 활용할 것인가?

이 시간을 단순히 스마트폰을 보며 보내는 것이 아니라, 철저한 사전 점검과 복기의 시간으로 사용하는 것이 중요하다.

아래 항목들을 체크하며 미팅을 준비해 보자.

자세 점검
- 복장과 헤어, 명함 지참 여부 확인
- 앉은 자세, 서 있는 자세, 첫 인사 연습
- 긴장을 완화하고 미소 짓는 연습

Agenda 복기
- 오늘의 상담 목적은 무엇인가?
- 고객이 원하는 정보나 솔루션은 무엇인가?
- 예상 질문과 그에 대한 나의 답변은 준비되어 있는가?
- 이전 만남에서 나왔던 이슈와 Follow-up 사항은?

대화 흐름 설계

- 첫 인사는 어떤 방식으로?(가벼운 아이스브레이킹: 아이스브레이킹(Icebreaking)은 말 그대로 얼음을 깨는 것처럼, 처음 만나는 사람들 사이의 어색함이나 긴장감을 줄이고 자연스럽게 대화를 시작하거나 분위기를 부드럽게 만드는 활동이나 말, 행동을 의미한다.)
- 고객이 편안하게 느낄 수 있는 화제 준비
- 본론으로 들어가는 자연스러운 연결 고리
- 상담 목표 도달을 위한 구조화된 대화 시나리오 준비

3. 고객을 리드하는 영업인의 자세

사전 준비가 잘 되어 있는 사람은 상담을 주도할 수 있다.

고객은 주도적인 자세를 가진 영업인에게 신뢰를 느끼며, '이 사람과 일하면 잘 풀릴 것 같다'는 인상을 받는다.

특히 다음과 같은 행동은 고객에게 깊은 인상을 남긴다:

- 대화 중 고객의 말에 집중하며 경청
- 핵심을 간결하게 전달
- 고객의 입장을 먼저 이해하려는 태도
- 미팅 후 요약 및 다음 단계 제안

마무리 Tip

고객 미팅 30분 전의 준비는 시간을 버리는 것이 아니라, 결과를 만드는 투자이다.

진짜 프로는 미팅 시간에 맞춰 도착하지 않는다. 30분 전 도착은 단순한 시간 관리가 아니라, 마음가짐의 표현이다.

그 짧은 시간은 단순한 대기 시간이 아닌, 오늘 미팅에서 내가 고객에게 어떤 가치를 줄 수 있는가를 다시 한번 점검하는 집중의 시간이다.

심리적으로도, 사전 준비를 철저히 하면 자신감과 통제감이 올라가고, 대화의 주도권을 갖는 데 결정적인 영향을 준다.

미리 도착해 고객의 상황을 되새기고, 자료를 정리하며, 스스로를 리마인드화 하는 습관이 쌓일 때, 당신은 더 이상 단순한 영업사원이 아닌, 고객이 신뢰하는 비즈니스 파트너로 자리매김하게 된다.

영업사원, 자신만의 '하나 정도'의 매력을 창출하라

영업은 사람과 사람 사이의 신뢰를 바탕으로 이뤄지는 활동이다. 고객이 영업사원을 신뢰하고 호감을 느낄 때, 비로소 제품이나 서비스에 대한 이야기가 귀에 들어온다. 그렇기에 영업사원에게 가장 중요한 자산 중 하나는 바로 자신만의 매력, 곧 사람됨이다.

영업사원이라면 누구나 자신의 개성과 장점을 하나쯤은 갖고 있어야 한다. 그 하나의 장점이 고객과의 첫 만남에서 신뢰를 불러오고, 관계를 이어 가는 힘이 되며, 결국에는 성과로 이어지는 원동력이 되기 때문이다.

말에 힘이 있는 사람, A 타입

어떤 사람은 말을 참 조리 있게 잘한다. 회사 생활이나 일상에 서든, 혹은 고객을 만나는 자리에 서든, 이런 사람은 한마디 한마디에 힘이 있다. 논리적으로 설명하고, 핵심을 짚어 주는 능력을 가진 사람은 자연스럽게 주변으로부터 '저 사람 말은 믿을 만하다'는 인정을 받게 된다.

이러한 A 타입의 영업사원은 고객에게 신뢰를 주는 화법을 통해 영업의 설득력을 강화할 수 있다. 특히 기술적 제품이나 복잡한 서비스를 다루는 경우, 명확한 설명과 논리적인 구조는 고객에게 매우 중요한 판단 기준이 된다.

유쾌함으로 다가가는 사람, B 타입

또 다른 사람은 유머 감각이 뛰어나 늘 주위에 사람들이 모인다. 가볍게 웃으며 대화의 벽을 허물고, 고객의 긴장을 풀어주며 자연스러운 분위기를 만드는 능력을 가진 B 타입은 고객에게 친근함과 호감을 준다.

이런 영업사원은 즐거운 사람이라는 이미지로 기억에 남고, 고객과의 관계 형성에도 빠른 속도를 보이다. 영업이 꼭 무겁고 딱딱한 대화로만 이어지는 것은 아닙니다. 오히려 편안한 대화 속에서 자연스럽게 고객의 니즈가 드러나기도 한다.

귀 기울이는 사람, C 타입

경청의 능력을 가진 C 타입의 영업사원도 큰 강점이 있다. 말하기보다 듣기를 잘하는 이들은 고객의 이야기를 주의 깊게 듣고, 감정을 공감하며, 문제의 핵심을 파악한다. 이렇게 고객의 말에 진심으로 반응하는 사람은 신뢰를 얻는 데 있어 매우 유리하다.

이런 영업사원은 고객이 무엇을 원하고 있는지를 정확히 파악하고, 그에 대한 맞춤형 대응이 가능하기 때문에 실제 영업 성과에도 긍정적인 영향을 미친다.

당신은 어떤 타입입니까?

중요한 것은 누구나 다 A, B, C 유형을 모두 갖출 필요는 없다는 점이다. 오히려 자신의 성향에 맞는 매력을 하나만 잘 가꾸는 것이 더 효과적이다. 말재주가 없다면 유쾌한 분위기를 만드는 법을 익히거나, 경청을 통해 고객을 이해하는 데 집중하는 등, 자신의 장점을 발견하고 갈고닦는 것이 중요하다.

영업은 결국 사람과 사람의 연결이다. 당신이 가진 매력 하나가 고객에게 믿음을 주고, 고객이 당신을 다시 찾게 만드는 이유가 된다. 이제 당신만의 매력 한 가지, 그 하나 정도를 만들어 보기 바란다.

▶ 고객을 자신의 파트너로 만들어라

영업은 단순히 제품이나 서비스를 파는 일이 아니다. 진정한 프로 영업 사원은 고객을 일회성 거래 대상이 아닌 파트너로 만들 줄 아는 사람이다. 고객을 파트너로 만든다는 것은, 단순한 친분을 넘어 서로에게 도움이 되는 신뢰 관계를 구축하는 것을 의미한다. 이런 관계는 단기간에 만들어지는 것이 아니며, 시간이 걸리더라도 반드시 만들어야 할 핵심 자산이다.

친분을 넘어선 협력자로
고객과의 관계가 깊어지면 자연스럽게 인간적인 친분도 생기게 된다. 그러나 여기서 멈추면 안 된다. 영업사원이 진짜 원하는 건 고객의 협력이다. 즉, 고객이 내 영업 활동을 적극적으로 도와줄 수 있을 만큼 신뢰받고 있다는 증거가 필요하다.

예를 들어, 고객사에 어떤 신제품을 제안하고자 할 때, 고객이 나를 신뢰하고 있다면 다음과 같은 일이 가능하다.

- 제품이 필요한 부서나 담당자 정보를 제공한다.
- 내부적으로 협조가 필요한 부서와의 연결을 돕는다.
- 경쟁사와의 차별점을 조언해 준다.
- 실제 사용 후 피드백을 솔직히 알려 준다.

이처럼 고객이 나를 내부 사람처럼 대해 줄 수 있는 단계에 도달하면,

영업은 훨씬 수월해지고 성공 확률도 높아진다.

▶ 고객이 또 다른 영업사원이 되는 순간

영업 현장에서 흔히 마주하는 상황 중 하나는 경쟁사와의 비교 상황이다. 이럴 때, 고객이 내 편이 되어 자사의 제품을 다른 고객에게 추천해 준다면 그보다 강력한 마케팅은 없다.

예를 들어, 이미 친분이 있고 신뢰 관계를 쌓아 온 고객에게 "이번에 ○○회사와 경쟁이 붙었는데, 혹시 그쪽 담당자에게 우리 제품에 대해 간단히 이야기해 주실 수 있을까요?"라고 요청했을 때, 고객이 기꺼이 수락해 주는 상황이야말로 진정한 파트너십의 증거이다. 실제 현장에서 이런 도움을 받은 경험이 있는 영업사원이라면, 이 가치가 얼마나 큰지를 잘 알고 있을 것이다.

그 고객의 한 마디는 어떤 브로셔나 제안서보다 더 설득력이 있다. 실사용자의 목소리는 경쟁자에게도, 중간 의사결정자에게도 깊은 인상을 남기기 때문이다.

파트너 고객을 만드는 것이 최고의 자산이다

결국, 고객을 자신의 파트너로 만드는 것이야말로 영업에서 가장 중요한 전략이다. 이를 위해서는 단기적인 이익보다는 장기적인 관계 구축에 집중해야 하며, 다음과 같은 태도가 필요한다.

1. 고객의 고민을 내 일처럼 생각하는 자세

2. 솔직하고 정직한 커뮤니케이션
3. 고객의 피드백에 대한 빠른 반응과 개선
4. 거래 이후에도 지속적인 관계 유지

믿음이 가는 다수의 파트너 고객을 확보하면, 그 고객들이 또 다른 고객을 소개해 주는 영업의 선순환이 만들어진다. 이는 회사의 지속 가능한 성장뿐만 아니라, 영업사원 개인의 브랜드를 만드는 데도 큰 도움이 된다.

이제부터는 단순한 고객 관리가 아닌 파트너 관리라는 관점에서 고객을 바라보기 바란다. 진짜 파트너는 당신이 어려울 때 진가를 발휘해 준다. 그들이야말로 당신 영업 인생의 진짜 자산이다.

▶ 고객을 코칭으로 모셔라

제품 전문가 고객을 파트너로 삼는 영업 전략

1. 고객 안에 숨은 코치를 찾아라

영업 활동을 하다 보면 일부 고객, 특히 연구소, 대학, 정부출연연구기관 등의 연구자들 중에는 우리 제품에 대해 탁월한 이해와 경험을 가지고 있는 분들이 있다. 이들은 단순한 사용자 그 이상으로, 제품의 이론적 원리부터 실제 응용 데이터에 이르기까지 폭넓은 지식과 노하우를 보유하고 있다.

이러한 고객을 단순한 구매자가 아닌 코치로 대우해 보자. 제품의 이론적 설명, 응용 분야별 최적의 세팅 방법, 좋은 품질의 데이터를 얻기 위한 팁 등 실무적 질문을 던지면, 대부분의 고객은 기꺼이 자신의 경험을 공유하며 관계가 더욱 돈독해지면 자사 및 경쟁사의 장단점 등을 적극적으로 설명해 준다. 이 과정은 단순한 질의응답을 넘어, 고객에게는 자신의 전문성이 인정받는 즐거운 순간이 된다.

전문 고객의 조언을 단순히 듣는 것이 아닌, 그들의 설명에 경청하고 기록하며 영업 전략에 반영하는 것이 중요한다.

2. 관계 형성의 계기, 그리고 세미나로의 확장

이러한 전문가 고객과의 대화는 자연스럽게 신뢰를 형성하는 계기가 된다. 일방적인 세일즈가 아닌, 전문가 대 전문가의 소통은 고객에게도 인상 깊은 경험으로 남으며, 관계는 점차 단단해진다.

더 나아가, 향후 사내 또는 외부 고객 대상 세미나를 기획할 경우 이 고객을 강연자로 초청해 보자. 실 사용자가 직접 경험을 공유하며 제품의 강점과 실제 활용 사례를 설명하는 세미나는, 일반적인 영업 프레젠테이션보다 훨씬 더 설득력 있고 신뢰도를 높일 수 있다.

세미나에 참석한 잠재 고객들은 해당 강연자에게 강한 호감을 느끼며, 자연스럽게 그 고객과 친분을 맺고자 한다. 그리고 그 고객이 곧 우리 회사와의 신뢰의 연결고리가 되어 준다.

세미나 발표 후 참석자들이 실문을 쏟아내는 모습은, 단순한 마케팅을 넘어 전문성 기반의 브랜드 신뢰도가 형성되었음을 보여 주는 신호이다.

3. 숨은 강사 한 명이, 백 명의 잠재 고객을 만든다

이런 관계 맺기는 단기적 매출 증가에 그치지 않는다. 제품에 대한 믿

음과 전문가 고객의 영향력이 결합되어, 새로운 고객 유치의 촉매제가 된다. 한 명의 전문가 고객이 우리 제품의 비공식 대사가 되어 줌으로써, 그를 중심으로 잠재 고객 풀(Pool)이 자연스럽게 넓어진다.

또한, 이러한 고객 코치를 회사 내부에서도 존중하고 공식적인 파트너십 관계로 발전시켜 나가면, 업계 내 신뢰도와 브랜드 충성도 또한 함께 상승한다.

핵심 포인트 요약
- 제품 전문가 고객을 코치로 모셔라 - 지식을 묻고 배우는 자세로 접근
- 고객의 설명은 신뢰 형성과 유대감을 높이는 중요한 계기
- 세미나 워크숍에 고객을 발표자로 초대하여 시너지 창출
- 강사 고객은 우리 브랜드의 자연스러운 전도사가 된다
- 장기적으로는 신뢰 기반의 영업 네트워크 구축으로 이어진다

▶ **긍정적인 영업사원의 자세란**

위기를 기회로 바꾸는 마음가짐이 만든다

영업 활동은 단순한 제품 판매를 넘어, 사람과의 관계를 통해 신뢰를 쌓고 가치를 제안하는 과정이다. 이 과정에서 영업사원은 다양한 상황과 감정을 마주하게 된다. 특히, 고객으로부터 거절을 당하거나 무례한 대응을 받는 경우는 누구나 겪는 일이다. 중요한 것은, 이러한 경험을 어떻게 받아들이고 소화하는가에 따라 영업사원으로서의 성장과 성과는 큰 차이를 만들어 낸다는 점이다.

1. 거절은 실패가 아닌 학습의 기회

영업에서 거절은 피할 수 없는 일이다. 고객의 입장에서는 예산, 필요성, 타이밍 등 다양한 이유로 구매를 미룰 수 있으며, 이는 개인적인 감정과는 전혀 무관한 경우가 대부분이다. 하지만 영업사원 입장에서는 거절을 '내가 부족해서'라고 받아들이기 쉽다.

이럴 때일수록 중요한 것은 긍정적인 시선으로 상황을 바라보는 자세이다.

왜 거절당했는가?, 내 설명이 고객의 상황에 적절했는가?, 다음에는 어떻게 접근하면 좋을까?와 같은 자기 점검을 통해, 하나의 거절이 훗날 더 나은 접근을 위한 데이터이자 연습의 기회가 된다.

2. 고객의 무성의도 영업의 한 과정

영업을 하다 보면 약속한 시간보다 30분, 1시간 이상 늦게 나타나는 고객도 있고, 충분한 관심을 보이지 않는 경우도 많습니다. 이럴 때 불쾌하거나 실망하는 감정을 느끼는 건 자연스러운 일이다. 하지만 이 역시 감정적으로 반응하기보다, 영업 전체 흐름의 일부로 받아들이는 마인드셋이 중요하다.

고객의 반응에는 언제나 이유가 있다. 업무로 바쁘거나, 제품에 대한 이해가 부족해서일 수도 있고, 이전 경험에서 신뢰를 충분히 얻지 못했기 때문일 수도 있다. 이럴 때일수록 영업사원은 문제를 해결해 주는 사람이라는 자각을 가지고, 고객의 니즈와 상황을 먼저 이해하려는 태도를 가져야 한다.

3. 고객의 문제 해결자라는 자긍심

긍정적인 자세는 단순히 낙천적으로 생각하는 것을 뜻하지 않는다. 이는 고객이 느끼는 불편이나 문제를 내 일처럼 받아들이고, 해결방안을 함께 고민하는 문제 해결자로서의 자세를 의미한다. 고객이 만족하고 신뢰를 느낄 때, 단순한 영업 이상의 보람을 느끼게 된다.

영업사원이 자긍심을 가질 수 있는 이유는 바로 여기에 있다. 고객의 업무 효율을 높이고, 문제를 해결하며, 나아가 고객의 성공에 기여할 수 있기 때문이다.

이러한 자긍심은 장기적으로 일에 대한 즐거움과 직업적 만족감으로 연결되고, 이를 기반으로 더욱 적극적이고 능동적인 영업 활동이 가능해진다.

4. 프로 영업사원으로 가는 길

긍정적인 영업사원은 단지 밝고 친절한 사람이 아니다. 어려움 속에서도 의미를 찾아내고, 부정적인 경험을 성장의 자양분으로 바꾸며, 고객에게 줄 수 있는 가치를 스스로 만들어 가는 사람이다. 결국 이러한 자세는 단기간의 성과뿐만 아니라, 지속 가능한 관계와 신뢰, 그리고 장기적인 커리어 성공으로 이어지게 된다.

결론

영업에서 마주치는 거절과 불편한 상황은 피할 수 없는 현실이다. 하지만 그 안에서 배우고 성장하는 자세를 가진다면, 이는 오히려 나를 단단하게 만들어 주는 소중한 경험이 된다.

고객의 문제를 해결해 주는 사람으로서, 늘 긍정적이고 주도적인 자세를 유지한다면, 영업이라는 직무는 단순한 일이 아닌 보람과 자부심을 느낄 수 있는 전문적인 여정이 될 것이다.

▶ 세미나란 무엇인가

단순한 발표가 아닌, 고객과의 소통과 신뢰 형성의 장

세미나는 단순히 자사의 제품이나 기술을 일방적으로 알리는 자리가 아닙니다.

고객과의 신뢰를 구축하고, 자사 제품의 가치를 깊이 있게 전달하며, 나아가 영업 성과로 연결되는 중요한 마케팅 활동이다.

하지만 종종 세미나는 형식적인 행사로 흐르거나, 실제로 고객이 무엇을 알고 싶어 하는지를 고려하지 않은 채 일방적인 정보 전달에 그치는 경우가 많다.

1. 고객은 세미나를 어떻게 받아들이고 있는가?

많은 기업에서 연간 수차례 세미나를 기획하고 기존 고객, 잠재 고객, 심지어 경쟁사 고객까지 초청하는 경우도 있다. 이 자리에서 자사 장비의 특징, 기술력, 성능 등을 설명하시만, 정작 고객은 그 내용을 얼마나 이해하고, 관심 있게 듣고 있는지에 대한 고민은 부족한 경우가 많다.

특히 기술 중심의 세미나는 고객 입장에서 이해하기 어렵고, 내 업무와 직접 관련이 없는 정보처럼 느껴질 수 있다. 중요한 것은 고객이 참석 이후에 실제 자사 제품의 특장점을 얼마나 인식하고 있는가, 그리고 향후 투자나 장비 교체 시 연락이 얼마나 오는가에 대한 피드백을 객관적으로 확인하고 반영하는 것이다.

2. 세미나의 핵심은 고객의 궁금증에 답하는 것

보다 알찬 세미나로 발전시키기 위해서는 고객의 시선에서 기획하는 사고 전환이 필요하다.

사전에 참석 예정 고객에게 다음과 같은 내용을 물어보는 과정이 중요하다:

- 현재 업무에서 어떤 기술적/장비적 어려움을 겪고 있는가?
- 최근 관심 있는 기술 트렌드는 무엇인가?
- 이번 세미나에서 가장 듣고 싶은 내용은 무엇인가?

이러한 정보를 사전에 수집하면, 세미나의 콘텐츠를 단순한 소개가 아닌 고객 맞춤형 정보 제공으로 구성할 수 있으며, 이는 곧 세미나에 대한 집중도와 신뢰도를 높이는 결과로 이어진다.

3. 고객 참여를 유도하는 실전 전략

고객 참여와 신뢰를 동시에 높이는 또 하나의 방법은, 해당 업계에서 신뢰와 영향력을 가진 고객을 연사로 초청하는 것이다.

예를 들어, 자사 장비를 오랜 기간 사용하며 좋은 성과를 낸 고객이 직접 경험 기반의 발표를 하게 되면, 다른 참석자들은 보다 실질적인 정보를 얻게 되고, 제품에 대한 신뢰도는 자연스럽게 상승하게 된다.

이는 마케팅 메시지가 아닌 현장의 목소리로 받아들여지기 때문에 더욱 강력한 설득력을 가진다.

또한, 세미나 후 고객들 과의 자유로운 질의응답 시간, 1:1 기술 상담 부스, 업무와 연결된 사례 중심의 발표 구성 등도 고객 만족도를 높이는 데 효과적인 방법이다.

4. 세미나는 영업의 연장선이다

성공적인 세미나는 단순한 행사로 끝나지 않는다.

고객이 이번 세미나 덕분에 우리 회사 업무에도 적용할 수 있겠다는 인식을 갖게 만드는 것이 목표이다. 그리고 그 인식이 실제로 장비 도입이나 솔루션 검토로 이어질 때, 세미나는 진정한 영업 성과로 연결되는 것이다.

따라서 세미나 후에는 고객의 반응을 정리하고, 관심을 보인 주제나 질문을 바탕으로 후속 미팅을 기획하는 것이 매우 중요한다. 이렇게 해야만 세미나가 단발성 이벤트가 아닌, 고객 접점 확대를 위한 전략적 도구로 자리 잡을 수 있다.

결론

세미나는 단지 정보를 전달하는 사리가 아닌, 고객과의 신뢰를 쌓고 자사 제품의 가치를 공감시키는 소통의 플랫폼이다.

사전에 고객의 니즈를 파악하고, 참여를 유도하며, 실질적인 문제 해결 방향을 제시하는 방식으로 기획된다면, 세미나는 분명한 영업성과로 이어지는 가치 있는 도구가 될 것이다.

▶ 가치 기반 영업과 효과적인 가격 협상 전략

1. 구매과의 역할과 시각을 이해하라

영업사원이 고객사 구매과와 효과적으로 협상하기 위해서는 먼저 구매과의 역할과 관점을 이해해야 한다.

구매과 직원은 단순히 장비를 구매하는 것이 아니라, 회사의 자산을 합리적인 가격에 확보하고자 하는 책임을 지닌다.

이들은 장비 담당 부서로부터 올라온 구매 요청을 바탕으로 제품 스터디를 진행하며, 동시에 다음과 같은 행동을 취한다:

- 담당자의 의견을 검토 및 의심: 장비 담당자가 올린 제품이 정말 최선인지에 대한 판단
- 경쟁사 제품의 가격 확인: 자사 제품의 상대 가격 위치 파악
- 할인 가능성 탐색: 더 나은 조건을 얻기 위한 할인 협상 시도

이는 구매과 본연의 업무이며, 그들의 입장에서는 자연스러운 행위이다. 따라서 이를 거절해야 할 요구가 아닌, 전략적으로 대응해야 할 협상 포인트로 인식하는 것이 중요하다.

2. 가격 협상 시 즉답은 금물

많은 영업사원이 고객이 할인율을 요구했을 때 즉시 응답하려는 유혹을 받는다.

그러나 즉석에서 할인율을 확정 지어 응답하는 것은 피해야 한다.

그 이유는 다음과 같다:

- 가치 왜곡: 고객이 이렇게 쉽게 할인되면 원래 가격은 터무니없이 높았던 게 아닐까? 하는 의심을 하게 된다.
- 신뢰 저하: 구매자가 오히려 제품 가치를 의심하며, 자사의 전문성에도 의문을 가질 수 있다.
- 감정적 아쉬움 유발: 사람은 쉽게 얻은 것에 대해 감정적으로 큰 만족보다는 아쉬움을 느끼기 마련이다.

따라서 아래와 같이 대응하자:

제시하신 할인율에 대해서는 내부 검토가 필요하며, 본사와 협의를 거쳐 답변을 드리겠습니다.

이런 응답은 고객에게 자사의 가격 정책이 일관성 있고 체계적임을 느끼게 하며, 동시에 협상의 주도권을 유지하는 데도 도움이 된다.

3. 할인보다 가치를 먼저 설명하라

영업의 핵심은 가격이 아니라 가치 전달이다.

구매과 직원에게는 단순히 얼마나 깎아 줄 수 있느냐가 아닌, 다음과 같은 질문에 답을 줄 수 있어야 한다:

- 이 제품이 기존 대비 어떤 성능 향상을 주는가?
- 고객사의 업무 효율성에 어떤 기여를 하는가?
- 유지보수, A/S, 업그레이드 등에서의 총소유비용(TCO)은 어떤가?

예시:

단순히 "500만 원 할인해 드릴게요"라는 말보다,

"이 장비는 기존 모델 대비 분석 시간이 30% 단축되어, 한 달 기준 약 ××시간의 작업 시간이 절감됩니다. 이로 인해 생산성이 높아지고 인력 비용도 줄일 수 있습니다."라는 설명이 구매과에게는 더 설득력 있고, 내부 보고서 작성 시에도 유용하다.

4. 밀고 당기는 협상의 기술

협상은 감정의 영역이기도 하다.

너무 쉽게 응하면 오히려 고객이 신뢰를 잃는다.

마치 시장에서 옷을 살 때, 원하는 가격을 말했는데 상인이 바로 "그 가격에 드릴게요!"라고 하면 그럼 원래 가격은 뭐였지? 하는 생각이 드는 것과 같다.

적절한 밀고 당기기는 고객의 심리적 만족감을 높이고, 거래의 질을 향상시킨다.

따라서 다음과 같은 태도를 갖자:

- 할인 요청 시 바로 응하지 않는다.
- 제품 가치를 먼저 강조한다.
- 협상에 시간과 단계를 둔다.
- 협의가 끝난 후 최종 혜택 제공 시 노력의 결과임을 강조한다.

Tip

1. '고객님을 위해 제가 직접 조율한 조건입니다'라는 메시지 전달
- 고객은 내가 얻어 낸 것보다 상대가 나를 위해 노력한 것에 더 높은 가치를 느낀다.
- 예: "사실 이 조건은 저희 내부에서도 쉽지 않은 부분이었는데, 고객님 프로젝트의 중요성을 충분히 설명 드리고 제가 책임지고 조율했습니다."

2. 희소성과 진정성을 높여 신뢰 구축
- 무조건적인 할인은 제품과 회사의 신뢰도를 떨어뜨릴 수 있다.
- 반면, 협상 끝에 제공된 혜택이 당신을 위해 특별히 만든 결과로 느껴지면 고객은 감정적으로도 만족하게 된다.
- 이는 단순 거래를 넘어서 관계 형성의 계기가 된다.

3. 영업사원으로서의 존재감을 강화
- "회사 정책이니까요"보다 "제가 움직여서 만들어 낸 조건입니다"가 고객에게 더 강한 인상을 준다.
- 고객은 영업사원이 나를 위해 뭔가 해 줄 수 있는 사람이라고 생각하게 되고, 이는 장기적인 거래 관계 유지에 유리하게 작용한다.

4. 향후 협상 여지를 관리
- 고객이 이번 혜택은 쉽게 얻어진 것이 아니라는 인식을 가지면, 다음 협상에서도 무리한 요구를 자제할 수 있다.

- 혜택을 너무 쉽게 주면 다음엔 그게 기본이 된다.
- 노력의 결과라고 강조하면 고객도 이를 특별한 것으로 받아들이게 된다.

예시 멘트
- 차장님, 이번 조건은 제가 직접 상의해서 특별히 조율한 겁니다. 단순히 가격만 보고 판단하시지 않으셨기에, 저도 마지막까지 최선을 다했습니다.
- 사실 이건 일반 조건은 아니지만, 고객님의 상황을 충분히 반영해서 내부적으로 설득한 결과입니다.

요약
노력의 결과로 제공된 혜택은 고객의 감정적 만족을 높이고, 영업사원의 가치를 각인시키며, 장기적 신뢰를 구축하는 핵심 포인트이다.

결론
가격 협상은 이기고 지는 게임이 아니다.

협상 테이블에 마주 앉은 두 사람은 겉으로는 가격과 조건을 조율하는 듯 보이지만, 본질적으로는 신뢰를 주고받는 관계의 초입에 서 있는 것이다.

구매자 입장에서는…

- 예산 압박, 리스크 최소화, 상사의 눈치 등 복합적인 심리와 책임이

얽혀 있다.
- 단순히 가격을 깎으려는 게 아니라, '내가 이 선택을 해도 괜찮은가?' 라는 심리적 안정을 찾고 있는 것이다.

영업사원 입장에서는…

- 제품과 서비스의 가치를 인정받고, 정당한 가격을 통해 관계를 지속하길 바란다.
- 그러나 가격에만 집중하면, 결국 가치가 아닌 비용으로만 평가받는 상황에 놓이게 된다.

따라서 협상은 누가 더 이득을 봤는가가 아니라, 얼마나 서로의 입장을 공감하고, 상호 존중을 바탕으로 한 공동의 해답 찾기로써, 장기적으로 같이 갈 수 있는가를 확인하는 자리다.

▶ **고객 방문 전 사전 정보 조사와 신뢰 형성 전략**

1. 성공적인 영업의 시작은 고객에 대한 이해

고객 방문은 단순한 인사 차원이 아닌, 관계 형성의 첫걸음이다. 이 첫 만남이 효과적이기 위해서는 충분한 사전 준비가 필수적이다.

특히 영업사원이 고객의 정보를 미리 파악하고 접근한다면, 고객은 이 영업사원이 우리 회사에 대해 알고 있고, 관심이 많다는 인식을 갖게 되어 호감과 신뢰가 빠르게 형성된다.

2. 고객 정보 조사의 핵심 포인트

고객을 이해하기 위해 확인해야 할 항목은 다음과 같다. 대부분은 고객사 홈페이지, 뉴스 기사, 산업 동향 리포트, 공공 데이터 등을 통해 확인할 수 있다.

① 회사 개요
- 매출 규모: 최근 연간 매출과 영업이익
- 주요 제품/서비스: 어떤 제품을 생산하거나 어떤 서비스를 제공하는가
- 설립연도 및 본사 위치: 역사가 오래된 기업인가, 지역적 특성은 있는가

② 산업 연관성
- 주요 거래처 및 협력사: 어떤 기업들과 거래하고 있는가(예: 삼성전자, LG화학 등)
- 시장 포지션: 해당 산업 내 점유율, 기술 경쟁력
- 유망 업종: 앞으로 성장 가능성이 높은 사업 영역(예: 배터리, 반도체, 바이오 등)

③ 조직 구조
- 직원 수: 전체 규모와 부서별 인력 배치
- 연구소/분석실 구성: 장비가 도입될 가능성이 높은 부서의 구조와 위치
- 의사결정 구조: 누구와 협의해야 도입이 결정되는가(담당자, 팀장, 부서장 등)

3. 사전 조사 정보를 활용한 자연스러운 대화법

고객과의 대화는 정보의 나열이 아니라, 상대방에게 관심을 보여 주는 방식으로 풀어 가는 것이 중요하다.

아래와 같은 접근법을 활용해 보자.

접근 예시 1 - 산업 연관성 언급

귀사가 최근 2차전지 소재 관련 투자 확대하셨다고 들었습니다. 저희 쪽에서도 이 분야에 특화된 분석 장비 수요가 늘고 있습니다.

접근 예시 2 - 조직 구성 언급

귀사 연구소가 본사와 분리되어 있다고 들었는데, 분석 장비는 어느 쪽에서 관리하시나요?

접근 예시 3 - 고객 관심 업종 연계

요즘 귀사처럼 바이오 공정을 다루는 업체들이 바이오 관련 장비 수요가 급증하고 있어서 관련 트렌드를 정리해 왔습니다.

이런 식의 대화는 단순히 제품을 팔기 위한 설명이 아니라, 고객의 비즈니스에 공감하고 지원하려는 태도로 비치며, 그 자체로 강력한 차별화 요소가 된다.

4. 고객이 느끼는 호감의 심리 메커니즘

고객은 다음과 같은 심리를 갖고 있다:

- 내 이야기를 들어 주는 사람에 대한 호감
- 우리 회사를 잘 아는 사람에 대한 신뢰
- 내 상황에 맞춰 주는 영업에 대한 만족

이러한 감정을 유도하려면 고객사에 대한 사전 조사는 선택이 아닌 기본 전략이 되어야 한다. 고객이 스스로 이야기하지 않아도, 이미 알고 있는 정보를 바탕으로 대화를 이끌면 고객은 자연스럽게 이 사람은 신뢰할 수 있겠다는 인상을 받게 된다.

5. 결론: 준비된 영업사원이 고객의 마음을 얻는다

제품이나 가격은 경쟁사와 유사할 수 있지만, 얼마나 고객에 대해 알고 있는가는 차별화된 경쟁력이다.

고객 방문 전에 다음을 반드시 실행하자:

1. 고객사 홈페이지, 뉴스, 산업 동향 조사
2. 매출, 제품, 조직 구조, 협력사 파악
3. 고객의 관심사를 중심으로 대화 포인트 구성
4. 준비된 질문으로 자연스러운 관계 형성 유도

이러한 준비는 단기적 성과를 넘어, 장기적인 고객 신뢰와 재구매로 이어지는 기반이 된다.

▶ Back-up 가망고객 리스트의 중요성

　영업 활동에서 가장 중요한 전략 중 하나는 효율적인 타겟 고객 설정이다. 특히 고가의 제품을 판매하는 경우, 가격이 크고 구매 가능성이 높은 고객을 우선순위에 두는 것이 일반적인 접근이다. 연내에 매출로 연결될 가능성이 높고, 성사 시 성과에 큰 영향을 미치기 때문이다. 그러나 이러한 고객일수록 제품 성능 평가, 예산 수립, 내부 승인 등의 과정을 거치기 때문에 최소 6개월 이상의 영업 사이클이 필요한다.

　이처럼 많은 시간과 자원이 투입되는 대형 고객을 대상으로 영업을 진행하던 도중, 예상치 못한 실패 요인이 발생할 수 있다. 예를 들어, 경쟁사의 가격 또는 기술 우위로 인해 계약이 성사되지 않거나, 고객사의 내부 사정으로 인해 도입이 연기되거나 취소될 수 있다. 문제는 이러한 실패가 단순한 거래 손실에 그치지 않고, 그 고객에 몰두한 나머지 다른 기회를 놓치게 될 위험이 있다는 점이다.

　여기서 필요한 것이 바로 Back-up 가망고객 리스트이다. 이는 금액은 작지만 빠르게 의사결정이 가능한 고객들의 리스트로, 대형 고객이 무산되었을 경우를 대비해 영업 공백을 메울 수 있는 대안이 된다. 특히 단기간 내에 매출로 전환할 수 있는 고객이 확보되어 있다면, 전체적인 목표 달성에 긍정적인 영향을 줄 수 있다.

　영업사원은 다음과 같은 원칙 아래 Back-up 리스트를 준비해야 한다:

1. 소액 고객이라도 의사결정이 빠르고 도입 시기가 명확한 고객을 우선 선정

연구실 장비나 테스트용 소량 구매 등이 이에 해당한다.

2. 업종이나 제품 관심도 기준으로 분류해 두기
예: 반도체 관련 중소기업, 국책연구소의 연구 장비 수요 등

3. 지속적인 관계 유지와 정보 업데이트
지금 당장은 구매 계획이 없더라도, 예산 변경이나 신규 프로젝트로 수요가 발생할 수 있음

4. 리스트를 생동감 있게 관리하라
CRM 혹은 엑셀 파일에 이름만 올려둔 정적인 리스트가 아니라, 방문일자, 연락 내역, 관심 제품 등을 정기적으로 업데이트하는 살아 있는 리스트가 되어야 한다.

결론적으로, 영업의 실패는 외부 요인에 의해 언제든지 발생할 수 있으며, 이러한 상황에 대비하기 위해서는 성공의 보험 으로서의 Back-up 가망고객 리스트가 반드시 필요하다. 큰 거래에 대한 도전은 계속하되, 작은 거래의 기회도 놓치지 않는 균형 잡힌 영업 전략이 진정한 베테랑 영업사원의 모습이라 할 수 있다.

▶ B2B 마케팅에서의 고객 가치(Customer Value)

한상린 교수의 이론 중심으로

1. 고객 가치의 기본 개념

한상린 교수는 B2B 마케팅에서 고객 가치를 단순한 제품의 가격 대비 성능 개념으로 보지 않는다. 대신, 기업 고객이 제품이나 서비스를 구매하고 사용하면서 얻는 총체적인 혜택(benefits)과 그에 따르는 희생(costs)의 차이로 정의한다.

그는 고객 가치를 다음과 같이 설명한다:

고객 가치란 고객이 어떤 제품 또는 서비스를 사용함으로써 얻는 총편익(total benefits)과 총비용(total costs)을 비교하여 지각하는 상대적 가치이다.

이 정의는 전통적인 소비재 마케팅에서의 가치 개념과 달리, 복잡한 의사결정 구조와 장기적인 거래 관계를 중시하는 B2B 시장의 특성을 반영한 것이다.

2. 고객 가치의 구성 요소

한상린 교수는 고객 가치를 다차원적 개념으로 설명하며, 주요 구성 요소를 다음과 같이 제시한다:

1) 총편익(Total Benefits)
- 제품 성능 및 품질: 제품의 기능적 우수성과 신뢰성
- 서비스 품질: 납기, A/S, 기술 지원 등 전후방 서비스 수준
- 관계 가치: 공급자와의 관계에서 오는 신뢰감, 파트너십, 지속 가능성
- 브랜드 가치: 브랜드의 시장 내 위상과 안정성

이처럼 B2B 고객은 단순히 제품이 잘 작동하는지뿐만 아니라, 공급자와의 장기적 협력 가능성, 문제 해결 능력, 위기 대응 역량 등 무형적 요소를 중요하게 여긴다.

2) 총비용(Total Costs)
- 금전적 비용: 제품 가격, 유지 비용, 라이선스 등
- 시간과 노력: 제품 도입 및 전환 과정에서 드는 리소스
- 위험 요소: 구매 실패 시 기업 내부에 미치는 부정적 영향
- 조정 비용: 기존 시스템과의 호환성 문제, 내부 저항 등

특히 B2B 시장에서는 구매 결정이 여러 부서에 영향을 주므로, 조직적 저항, 내부 설득 비용, 기술 교육비용 등도 숨겨진 비용 요소로 간주된다.

3. 한상린 교수의 핵심 주장
한 교수는 고객 가치는 공급자의 관점이 아니라 고객의 관점에서 정의되어야 한다고 강조한다.
공급자가 아무리 품질 좋은 제품을 만들더라도, 고객이 느끼기에 그것

이 도움이 안 되거나 복잡하고 불편하다면 가치가 낮다는 것이다.

이를 통해 그는 B2B 마케팅 전략이 다음과 같은 방향으로 가야 한다고 주장한다:

1) 고객 맞춤형 가치 제안(Value Proposition)의 강화
→ 표준 제품이 아니라, 고객의 상황과 니즈에 맞는 솔루션 제공
2) 관계 중심의 마케팅(Relationship Marketing)
→ 일회성 판매가 아닌, 장기적 신뢰 관계 구축에 초점을 맞춰야 함
3) 공동 가치 창출(Co-creation)
→ 고객과 협력하여 문제를 해결하고 새로운 가치를 공동으로 만들어 가는 전략

4. 실제 사례 적용

예를 들어, 기업 A가 고가의 산업 장비를 구매한다고 가정할 때 단순한 가격 비교만으로 공급업체를 선정하지 않는다.

이때 기업 B가 가격은 조금 높지만 다음과 같은 조건을 제시하면 더 높은 고객 가치를 제공한다:

- 고장 시 즉시 대응 가능한 A/S 시스템
- 초기 교육 및 셋업 지원
- 장기적으로 소모품 공급 및 업그레이드 제공
- 구매 담당자와 엔지니어들이 신뢰할 수 있는 커뮤니케이션 채널 유지

이러한 서비스와 관계는 총편익을 높이는 요소로 작용하여, 고객은 가격이 비싸더라도 더 높은 가치를 느끼게 된다.

5. 결론

한상린 교수의 B2B 마케팅에서의 고객 가치 개념은 고객 중심적 사고방식(Customer-Centric Thinking)을 기반으로 하며, 단순 제품 판매를 넘어 솔루션 제공자와 파트너로서의 역할을 강조한다.

이는 오늘날과 같은 복잡한 B2B 환경에서 마케터와 영업 담당자들이 지녀야 할 핵심 전략적 사고 틀을 제공한다.

참고 문헌(요약 기준)
- 한상린 외, 『B2B 마케팅: 이론과 실제』, 박영사
- 한상린, 「고객 가치 기반의 B2B 마케팅 전략」, 한국마케팅학회지
- Han Sang-Lin, "Customer Value and Relationship Marketing in B2B Markets", Journal of Business & Industrial Marketing

▶ Solution Sales와 고객 가치 중심의 영업 전략

1. 고객 가치를 이해하는 프로 영업 사원의 자세

영업 활동은 단순히 제품을 판매하는 것이 아니라, 고객의 문제를 이해하고 해결책을 제시하는 과정이다. 진정한 프로 영업 사원은 고객을 만날 때 단순히 제품의 사양이나 가격을 설명하는 데 그치지 않고, 고객이 안고 있는 고민과 업무상의 어려움을 깊이 이해하고자 노력한다. 고객은 언

제나 다음과 같은 질문을 가지고 있다. '이 제품이 나에게 어떤 도움을 줄 수 있는가?'

따라서 영업 사원은 고객이 직면한 문제를 파악하고, 자사 제품이나 서비스를 통해 이를 어떻게 해결할 수 있을지를 명확하게 제시해야 한다. 이러한 영업 방식을, 본인은 Solution Sales(솔루션 세일즈)라고 정의하고자 한다.

2. Solution Sales의 핵심: 신뢰와 관계 중심의 접근

Solution Sales는 고객에게 단순한 제품이 아닌, 해결책(solution)을 제시하는 방식이다. 이를 통해 고객은 단순히 제품을 사는 것이 아니라, 자신의 업무를 개선하고 성과를 높이는 투자를 하게 된다.

고객은 본질적으로 다음과 같은 가치를 원한다. 내가 지불한 비용보다 더 많은 혜택을 받아야 한다. 이러한 고객의 기대를 충족시키기 위해서는, 제품의 기능이나 성능뿐만 아니라 문제 해결 능력, 도입 이후의 지원, 장기적 신뢰 관계가 모두 포함된 총체적인 가치를 제공해야 한다. 특히 B2B 시장에서는 한 번의 거래가 아닌 장기적인 파트너십이 매우 중요하다. 고객이 영업 사원을 신뢰하게 되면, 향후의 도입 결정에서도 긍정적인 영향을 주고, 경쟁사 대비 우선적으로 고려되는 충성 고객(loyalty customer)으로 전환될 수 있다.

3. 고객 중심의 사후 관리와 차별화된 소통 전략

신뢰 기반의 관계를 지속적으로 유지하기 위해, 영업사원은 제품 납품 이후에도 적극적인 사후 관리와 커뮤니케이션을 수행해야 한다. 예를 들어:

- 정기적인 연락 및 방문: 주기적인 연락과 피드백을 통해 고객이 잊히지 않았다는 느낌을 받게 함
- 문제 발생 시 신속한 대응: 고객의 작은 요청에도 빠르고 성실하게 대응하면, 큰 신뢰로 이어짐
- 뉴스레터 및 정보 제공: 산업 동향, 제품 업데이트, 활용 사례 등을 담은 뉴스레터를 제공함으로써, 고객은 차별화된 정보를 통해 가치를 느끼게 됨

이러한 활동은 고객에게 이 영업 사원은 나와 우리 회사의 성공을 진심으로 도와주려 한다는 신뢰와 만족감을 심어 주며, 장기적으로 강력한 관계를 형성하게 된다.

결론

Solution Sales는 고객 감동의 시작점이자, 신뢰를 기반으로 한 동행의 시작이다.

오늘날의 고객은 더 이상 단순한 제품의 구매자가 아니다. 그들은 문제 해결의 실마리를 찾고자 하는 파트너이며, 함께 가치를 창조할 수 있는 동반자이다. 영업사원이 진정한 의미의 솔루션 세일즈를 실천하기 위해서는 단순히 제품을 전달하는 수준을 넘어, 고객의 상황을 정확히 이해하고, 고객의 니즈에 맞는 솔루션을 제안할 수 있어야 한다.

거래 이후에도 지속적인 관심과 신뢰 기반의 관계를 유지한다면, 고객은 단순한 구매자를 넘어 지지자로 변한다. 이것이 바로 장기적인 성공을 만드는 핵심 동력이다.

Solution Sales의 출발점은 고객의 입장에서 진심으로 함께 고민하는 사고방식의 전환이다.

이것은 다음 세 가지 신념으로 요약될 수 있다:

1. 이해하려는 노력 없이 제안은 없다 - 고객의 맥락과 문제를 제대로 이해하지 못한 채 제안하는 것은 독백일 뿐이다.
2. 고객의 성공이 곧 나의 성공 - 고객의 성과와 가치를 우선시할 때, 영업은 자연스럽게 이어진다.
3. 지속 가능한 관계는 신뢰에서 시작된다 - 단기 매출보다 중요한 것은 장기 파트너십이다.

따라서, Solution Sales는 제품 중심이 아닌 고객 중심의 사고로 무장한 전략적 접근이다.

결국 고객의 마음을 얻고, 차별화된 가치를 제공하는 가장 인간적인 영업 철학이라 할 수 있다.

▶ 신뢰는 팀웍에서 시작된다

고객은 말보다 경험과 전문성을 믿는다. 많은 영업사원들이 고객에게 제품의 장점, 성능, 장기적인 이점을 설명한다. 그러나 고객은 영업사원의 말을 100% 신뢰하기보다는 일정 수준의 거리감과 의심을 갖는 것이 일반적이다.

고객 입장에서 보면, 영업사원은 판매를 목적으로 한 설명을 하기 때문에, 정보가 편향되어 있을 수 있다는 생각이 들 수밖에 없다. 또한, 제품의 전문적인 설명을 듣는 과정에서 고객이 완전히 이해하지 못하거나, 잘못 해석할 가능성도 존재한다.

따라서 제품에 대한 신뢰를 높이고, 정확한 정보를 전달하기 위해서는 영업사원 혼자만의 설명이 아닌 팀 기반 세일즈 전략이 필수적이다.

팀워크 세일즈의 3단계 전략

1단계: 기술 전문가와 함께하는 고객 미팅

영업 초기 단계 또는 고객이 제품에 관심을 보이기 시작한 시점에서, 어플리케이션 엔지니어(AE) 또는 필드 서비스 엔지니어(FSE)와 함께 고객사를 방문한다.

- AE는 제품의 실제 사용 시나리오와 성능, 고객의 응용 목적에 맞는 기능 설명을 제공할 수 있다.
- FSE는 설치, 유지보수, 안정성, 고장 대응 등 실질적 운영 측면에서의 설명이 가능한다.

고객은 이들의 전문적인 설명에 더욱 귀를 기울이며, 영업사원의 설명이 기술적으로 뒷받침된다는 점에서 신뢰를 형성하게 된다.

2단계: 말이 아닌 성능으로 보여 주는 데모

설명 이후, 고객이 가장 궁금해하는 것은 '실제로 그렇게 되느냐?'이다. 이 궁금증을 해결하는 가장 효과적인 방법은 제품 데모이다.

- 고객이 관심 있어 하는 샘플이나 테스트 조건을 설정하여, 직접 장비의 성능을 시연한다.
- AE가 장비를 직접 작동하며 분석 결과, 이미지 품질, 처리 속도, 편의성 등 실제 사용 결과를 보여 준다.

데모는 고객이 직접 제품을 경험함으로써 성능을 검증하고, 영업사원의 설명이 허언이 아닌 팩트임을 체감하게 만드는 가장 강력한 수단이다.

3단계: 고객이 판단하게 하라
이 과정을 거친 후 고객은 더 이상 의심보다는 자신의 눈으로 확인한 경험을 토대로 판단하게 된다.
이제 고객은 스스로 생각한다.

- 설명처럼 성능이 정말 좋네.
- 내가 필요로 하는 기능이 확실히 있네.
- 기술 지원도 탄탄하겠구나.
- 도입 후 문제가 생겨도 대응이 되겠지.

이와 같이 신뢰는 단순히 설명으로 만들어지는 것이 아니라, 팀의 전문성과 직접 경험이 결합될 때 비로소 완성된다.

결론: 팀으로 움직이는 세일즈가 고객의 마음을 얻는다
영업사원 혼자 모든 것을 설명하려 하기보다는, 전문가와 협업하여 공

신력 있는 정보 전달과 체험 중심의 데모를 제공하는 방식이 훨씬 효과적이다.

이런 팀워크 세일즈 전략은 다음과 같은 장점이 있다:

- 고객의 신뢰 형성
- 제품 이해도 향상
- 실제 성능에 대한 납득
- 사후 지원에 대한 신뢰

결국, 고객이 자사 장비를 선택하는 이유는, 이 제품을 믿을 수 있다는 확신이 생겼기 때문이다. 이 확신은 혼자의 힘이 아닌, 팀워크로 완성된다.

▶ 예산 확인의 중요성: 고객 예산 내에서의 전략적 제안

1. 고객 예산 확인은 상담의 시작이다

많은 영업사원들이 고객을 만나면 자사 장비의 장점부터 열정적으로 설명하기 시작한다. 성능, 기술력, 다양한 옵션 등 자사의 강점을 부각시키는 데 집중하게 된다. 그러나 이 과정에서 간과하기 쉬운 핵심이 있다.

바로 고객의 예산 범위를 먼저 확인하는 것이다.

예산 확인 없이 장비 설명에 들어가면, 고객은 다양한 옵션에 관심을 가지게 되고, 영업사원은 이를 기반으로 고사양 장비나 옵션이 포함된 견적을 제시하게 된다.

하지만, 그 견적이 고객의 예산을 넘어서게 되면 상황은 복잡해진다.

2. 옵션의 매력은 강력하다 — 그리고 되돌리기 어렵다

사람은 누구나 더 나은 것을 원한다.

영업사원이 설명한 고 사양 옵션이 고객의 마음에 들면, 설사 예산을 초과하더라도 그 옵션을 견적서에 포함해 달라고 요청할 가능성이 높다.

하지만 이 경우,

- 나중에 견적을 조정해야 할 때 고객이 이미 호감을 가진 옵션을 제거하기 어렵고,
- 영업사원은 마진을 줄여서라도 가격을 맞춰야 하는 상황에 처하게 되며,
- 결과적으로 판매가 성사되기 어려워지거나, 수익성이 낮은 거래로 전락할 수 있다.

3. 예산 중심의 상담이 정답이다

고객 상담 시 다음과 같은 흐름을 추천한다:

1) 상담 시작 전에 고객 예산을 명확히 파악
→ 이번 장비 구매에 예상하신 예산 범위를 여쭤봐도 괜찮을까요?
2) 예산에 맞는 기본 모델을 우선 제안
→ 기본 성능이 고객 요구사항을 충분히 충족함을 설명
3) 옵션 제안은 선택적으로, 그리고 단계적으로
→ 예산 여유가 있다면 이런 기능도 고려해 보실 수 있다는 식의 유연한 접근

4) 견적 제시는 예산 범위 내 최적 구성을 목표로
→ 고객이 만족할 수 있는 기능과 가격 사이의 균형을 맞추는 것

4. 고객과의 신뢰는 예산 내에서의 솔루션 제안에서 시작된다

고객의 예산을 존중하며 상담을 진행하는 영업사원은 신뢰를 받는다.

무리한 제안 없이, 실제 구매 가능성과 연결된 현실적인 제안을 하는 것이 결국 계약으로 이어지는 지름길이다.

- 초기 예산 확인 → 맞춤형 제안 → 신뢰 형성 → 성공적 계약

결론

장비의 성능과 옵션은 고객의 예산 안에서 빛나야 한다.

과도한 제안보다, 고객의 실질적 구매 조건을 기반으로 한 상담이 고객에게도, 회사에도, 영업사원 본인에게도 가장 현명한 길이다.

▶ **제품 마진율과 가치 영업: 진정한 Win-Win을 위한 영업의 자세**

B2B 영업을 하면서 우리는 종종 무조건 제품을 팔아야 한다는 생각에 사로잡히곤 한다. 특히 실적 압박이 강할수록, 당장의 계약을 성사시키는 데 집중하게 된다. 하지만 영업은 단순히 물건을 파는 활동이 아니다. 고객과의 관계를 통해 지속 가능한 비즈니스 생태계를 만드는 과정이며, 그 중심에는 바로 적절한 마진율을 고려한 가치 중심의 영업(Value Selling)이 존재한다.

1. 마진율에 대한 이해와 중요성

제품의 마진율은 단순히 얼마나 남기는가?의 문제가 아니다. 회사의 운영, 연구개발(R&D), 고객 지원, 그리고 영업사원 자신의 성과 보상 등 모든 활동의 재원이 되는 핵심 지표이다.

마진율이 일정 수준 이하로 떨어지면 다음과 같은 문제들이 발생할 수 있다:

- 회사의 이익 구조 악화 → 장기적 성장 저해
- 고객 지원/AS 축소 → 고객 만족도 저하
- 영업사원 인센티브/보상 축소 → 동기 저하

영업사원이 마진율을 무시하고 저가 경쟁만을 반복한다면, 단기적 성과는 있을지 몰라도 장기적으로는 회사와 본인의 성장 모두를 막는 결과를 초래할 수 있다.

2. 성능이 비슷한 제품 속에서의 가치 전달

오늘날 대부분의 B2B 제품은 기술력이 상향 평준화되어 있어, 고객 입장에서는 비슷한 스펙, 비슷한 성능의 제품 사이에서 가격이 가장 먼저 눈에 띄는 요소가 되기 쉽다.

하지만 여기서 중요한 질문이 생긴다.

내가 파는 제품의 진짜 가치는 무엇인가?

- 제품의 어느 특정 성능(경쟁사 대비) 및 품질 안정성

- 서비스 대응 속도와 전문성
- 설치 및 유지보수 편의성
- 고객 맞춤형 솔루션 제안 능력
- 공급망의 안정성

이러한 요소들이 곧 부가가치이며, 이를 제대로 설명하고 설득할 수 있어야 진정한 의미의 가치 영업이 시작된다. 단순히 가격을 낮추는 대신, 정당한 가격을 받을 수 있는 이유를 고객에게 제공해야 한다.

3. 영업사원의 책임과 자세

영업사원은 단순히 판매자가 아니라, 회사와 고객 사이의 전략적 연결자이다. 그렇기 때문에 제품의 적정 마진율을 고려한 판매 활동은 영업사원 본인의 책임이자 역량이다.

다음은 영업사원이 스스로 질문해 봐야 할 몇 가지이다:

- 이 계약은 회사의 수익성과 지속 가능성에 기여하는가?
- 마진율을 유지하면서도 고객이 납득할 수 있는 가치를 충분히 설명했는가?
- 단기 성과에 급급해 장기 신뢰를 훼손하지는 않았는가?

이러한 질문을 스스로 점검하며, 제품의 가격이 아닌 가치를 파는 영업사원이 될 때 회사, 영업사원, 고객 모두가 만족할 수 있는 진정한 Win-Win이 실현된다.

4. 결론: 마진을 지키는 것이 고객을 위한 일이다

종종 고객은 저렴한 가격에 혹할 수 있다. 하지만 제품이 저가로 팔려 마진이 낮아지면, 그로 인해 줄어든 서비스나 지원의 품질을 결국 고객이 체감하게 된다.

적정한 마진율을 지키는 것은 고객에게도 이로운 일이다.

왜냐하면 그로 인해 보다 안정적이고 질 높은 서비스와 제품을 지속적으로 제공받을 수 있기 때문이다.

그러므로, 단순한 가격경쟁에 휘둘리기보다는, 고객과 신뢰를 기반으로 한 가치 중심의 영업에 매진해야 한다.

그럴 때 우리는 회사의 성장은 물론, 개인의 성장과 고객 만족이라는 세 마리 토끼를 모두 잡을 수 있다.

▶ 기술 시장의 흐름 파악과 선제적 영업 전략

1. 시장 흐름을 읽는 영업인의 기본 소양

기술 영업의 성패는 단순한 제품 판매 능력에 국한되지 않는다. 기술의 발전 방향, 사회적 이슈, 정부 정책, 산업별 트렌드를 읽고 그 흐름에 맞춘 전략적 접근이 필요하다. 시장은 언제나 변화하고 있으며, 변화의 방향성을 조기에 파악하는 능력이 바로 성공적인 영입 활동의 출발점이다.

이를 위해 영업사원은 신문, 산업 전문지, 온라인 뉴스, 유튜브, 포털사이트 등 다양한 미디어를 통해 기술 및 산업 관련 정보를 수시로 체크해야 한다. 이는 단순한 정보 수집을 넘어, 고객이 어떤 기술에 주목하고 있는지, 정부가 어떤 분야에 투자를 확대하고 있는지를 사전에 감지하여 기회를 선점하는 데 결정적인 역할을 한다.

2. 기술 트렌드와 투자 흐름의 예시

기술 산업은 특정 이슈나 기술이 조명을 받을 때마다 정부, 연구소, 기업들이 해당 분야에 집중적인 투자를 단행하는 경향이 있다. 아래는 최근 몇 년간의 대표적인 예시이다.

- 2022년: 전기차 산업의 부상
- 탄소중립 및 친환경 정책 기조에 따라 전기차 및 배터리 관련 기술이 큰 주목을 받았다. 현대차, LG에너지솔루션을 비롯한 대기업 및 중견 기업과 함께, 정부 출연 연구기관들도 이에 발맞춰 소재, 충전 인프라, 전장 부품 등 다양한 분야에 대한 연구개발에 박차를 가했다. 당시 전기차 관련 부품, 측정장비, 검사장비 업체들의 매출이 상승한 것도 이와 관련이 있다.
- 2024~2025년: AI 기술의 급부상
- ChatGPT를 필두로 한 생성형 AI, 산업 자동화, 데이터 분석 기술의 발전으로 인해 AI 관련 뉴스가 거의 매일 보도되고 있다. 이는 단순한 유행이 아니라 산업 전반의 판도를 바꾸는 흐름으로, 정부의 디지털 전환 정책, AI 반도체 개발, 산업용 AI 솔루션 확대 등이 뒤따르고 있다.
- 이러한 환경에서는 AI 관련 칩 개발, 알고리즘 연구, 고성능 컴퓨팅 장비, 데이터 처리 기술을 다루는 기업이나 연구소와의 접점을 확대해야 한다.

- Bio 산업의 주기적 재조명
- 팬데믹 이후 Bio, 헬스케어, 백신, 정밀의료 등 생명공학 관련 산업은 지속적인 주목을 받고 있다. 매스컴에서 관련 뉴스가 부각될 때마다 벤처기업 및 정부 출연 연구소의 투자가 이어지며, 정밀 분석 장비, 바이오센서, 진단 장비 등에 대한 수요가 증가한다.

3. 선순환 영업 사이클을 만드는 법

이러한 트렌드를 잘 포착하여 사전에 고객을 만나는 것이 곧 선순위 영업이 된다. 고객의 예산 편성이 되기 전에 접근하고, 연구 기획 단계에서부터 함께 논의할 수 있다면, 경쟁이 붙기 전 유리한 고지를 점할 수 있다. 즉, 정보 → 예측 → 접촉 → 관계 형성 → 기회 선점이라는 선순환 구조가 만들어지는 것이다.

정리하자면,

- 기술 트렌드를 민감하게 감지하고
- 관련 업계 및 연구소에 대한 정보를 미리 확보하며
- 시장의 방향을 읽고 먼저 움직이는 것이
- 바로 진정한 전략 영업의 시작점이다.

4. 결론: 트렌드와 함께 움직이는 영업의 힘

기술 트렌드는 늘 바뀐다. 하지만 그 흐름을 꾸준히 읽고, 먼저 움직이는 사람만이 시장에서 기회를 만든다. AI, 전기차, 바이오 외에도 양자컴퓨팅, 반도체, 우주산업 등 향후 주목할 분야는 다양하다.

성공적인 기술 영업을 위해서는 기술의 흐름을 파악하는 습관과 선제적 접촉이라는 두 가지 무기를 갖춰야 한다. 결국 이는 고객에게 가치를 제안하는 영업으로 이어지며, 경쟁력을 만드는 밑거름이 된다.

고객과의 관계 형성, 신뢰와 친밀감이 만드는 영업의 기회
대부분의 영업사원들은 고객과 좋은 관계를 맺기를 원한다. 이는 단순한 정서적 친분을 넘어서, 실제적인 영업성과와 직결되기 때문이다. 고객과의 신뢰 기반 관계가 형성되면, 비슷한 조건의 경쟁 상황에서 좋은 관계를 맺은 영업사원에게 기회가 먼저 주어질 확률이 높다. 또한 고객으로부터 더 많은 정보를 얻을 수 있는 등, 여러 이점을 기대할 수 있다.
그렇다면 어떻게 해야 고객과 좋은 친분을 형성할 수 있을까?

1. 첫 만남에서 인상 남기기
- 올바른 자세와 밝은 웃음으로 첫인상을 좋게 만든다.
- 자신감 있는 말투와 설명을 통해 고객의 호감을 유도한다.
- 첫 만남은 짧은 순간이지만, 고객의 인식에 오래 남는 핵심 순간이기도 하다.

2. 세심한 배려로 분위기 형성
- 미팅 전, 고객을 위한 음료를 미리 준비해 두는 작은 배려는 작은 효과를 낸다는 신호로서 고객과의 한 발짝 다가가는 기회이다.
  → 여름엔 시원한 음료, 겨울엔 따뜻한 차 한 잔
  → 사무실에서 나와 미팅 장소로 오는 동안의 긴장을 완화해 주며, 자연

스럽게 대화를 시작할 수 있다.

3. 공통 관심사를 통해 유대감 형성
- 고객과 대화 중 질문을 통해 공통점을 찾아본다.

→ 예) 취미, 거주 지역, 자녀 교육 등
- 이러한 소소한 공감대는 자연스러운 신뢰와 친밀감을 형성하는 기반이 된다.

4. 식사를 통한 관계의 심화
- 일정 수준의 친밀감이 형성되면, 점심 식사에 초대해 본다.

→ 식사는 사람의 마음을 열게 하고, 비즈니스 외적인 인간적인 면을 공유하는 계기가 된다.

→ 특히 점심은 부담이 적고, 고객들도 비교적 수용하기 쉬운 시간대이다.
- 요즘은 저녁 식사는 고객들이 사절하는 경우가 많기 때문에 신중히 접근해야 한다.

→ 다만, 프로젝트나 거래가 성공적으로 마무리된 후 감사의 의미로 저녁 식사를 제안하는 것은 고객과의 관계를 한 단계 더 발전시키는 데 도움이 된다.

결론

고객과의 관계 형성은 단순한 기술이나 전략의 문제가 아니라, 인간 대 인간 사이의 심리적 신뢰감을 어떻게 쌓느냐의 문제다. 진짜 프로는 좋은 제품을 팔기 전에 좋은 감정을 먼저 쌓는다.

사람은 논리보다 감정으로 결정하고, 이성보다 신뢰로 관계를 지속한다. 고객은 자신이 선택한 사람에게서 심리적 안정과 관계적 일관성을 원한다. 따라서, 프로 영업인은 거래를 쌓는 사람이 아니라 관계를 설계하는 사람이어야 한다.

　우리는 종종 성과에만 집중해 관계를 소비하지만, 관계는 투자의 대상이다. 눈앞의 이익보다 고객의 마음속에 기억되고 싶은 사람이 되는 것이 장기적인 성과의 시작이다.

　고객이 연락하지 않아도 생각나는 사람, 문제가 생기면 가장 먼저 떠오르는 사람. 그런 존재가 되기 위해선, 일관된 태도, 진심 어린 배려, 그리고 조급하지 않은 기다림의 미학이 필요하다.

　관계는 거래보다 느리지만, 훨씬 깊고 오래간다.

　좋은 관계는 결국, 좋은 기회를 스스로 데려온다.

영업이란 무엇인가?

많은 사람들이 영업이라 하면 가장 먼저 떠올리는 것은 제품이나 서비스를 판매하는 사람일 것이다. 고객을 찾아가 제품을 소개하고, 고객의 니즈(needs)를 빠르게 파악하여 이를 충족시키는 방식으로 설득해 계약을 이끌어 내는 것이 영업의 전형적인 모습으로 인식된다. 이는 틀린 정의는 아니다. 실제로 많은 영업 활동이 이와 같은 구조를 바탕으로 이루어지고 있고, 당장의 실적이나 성과를 만들어내기 위해서는 빠르고 명확한 대응이 필요하다.

하지만 나는 지난 40년간 현장에서 수많은 고객을 만나면서, 영업이라는 활동을 보다 깊이 있게 바라보게 되었다. 단순히 무언가를 팔기 위한 활동으로만 영업을 정의하기에는 그 과정 속에 담긴 본질적인 의미와 가치가 너무 크다고 느꼈기 때문이다. 나는 영업을 이렇게 정의하고 싶다.

영업은 고객의 문제를 함께 고민하고 해결해 주는, 신뢰 기반의 관계를 만들어 가는 컨설팅 활동이다.

진정한 영업은 고객과의 관계에서 시작된다. 그저 제품 설명서를 읊듯이 특징을 나열하거나, 경쟁사보다 가격이 저렴하다는 점을 강조하는 것만으로는 고객의 마음을 얻기 어렵다. 고객은 자신이 직면한 문제에 대해 진심으로 귀 기울여 주는 사람, 단순한 판매자가 아니라 함께 고민해 줄 파트너를 원한다. 그래서 영업은 단기간에 성과를 내는 것이 아니라, 시간을 들여 신뢰를 쌓고, 관계를 만들어 가는 과정이라고 생각한다.

고객과의 상담은 단순한 정보 교환이 아니다. 고객의 말속에 담긴 니즈를 정확히 파악하고, 아직 인식하지 못한 문제까지 끄집어내어 함께 해법을 찾아가는 과정이야말로 진정한 의미의 영업이다. 그 과정 속에서 고객은 나를 무언가를 팔려는 사람이 아니라, 도움이 되는 사람, 믿고 상담할 수 있는 사람으로 인식하게 된다. 그리고 이러한 인식은 단 한 번의 만남이 아니라, 반복된 만남과 꾸준한 신뢰 형성 과정을 통해 이뤄진다.

나는 영업을 하면서 고객에게 제품을 파는 것보다 더 중요한 것은 고객의 마음을 얻는 것이라고 느껴 왔다. 제품은 시간이 지나면 성능이 낡고 사라질 수 있지만, 고객과의 신뢰는 오랜 시간이 지나도 쉽게 무너지지 않는다. 그 신뢰가 쌓이면, 고객은 단순히 제품을 사기 위해 나를 찾는 것이 아니라, 새로운 문제를 마주했을 때, 먼저 조언을 구할 수 있는 신뢰의 대상으로 나를 떠올리게 된다.

이러한 관계를 형성한 고객들은 종종 내게 이렇게 말하곤 했다.

"OO씨, 이번엔 이 제품 말고도 다른 고민이 있는데 한번 이야기 좀 들어 줄 수 있어요?"

이런 말은 단순히 제품을 잘 팔았다는 평가보다 훨씬 더 값진 순간이다. 이 말속에는, 이 사람은 나의 문제를 진심으로 들어 주고 함께해 줄 수 있다는 신뢰가 담겨 있다.

결국, 영업의 핵심은 제품이나 기술력 그 자체가 아니라, 사람과 사람 사이의 신뢰와 공감, 그리고 도움을 주고자 하는 진심에 있다. 제품은 누구나 팔 수 있지만, 진심은 쉽게 따라 할 수 없다. 고객이 다시 나를 찾는 이유는 단지 무언가를 사야 해서가 아니라, 신뢰하는 사람에게 조언을 받고 싶어서이다. 이는 곧 좋은 실적과 성과로 이어졌고, 그 결과는 숫자 이상의 의미를 담고 있었다.

나는 지금도 그 믿음을 가지고 고객을 만난다. 단기적인 성과에 급급해 하기보다는, 긴 호흡으로 고객과의 관계를 쌓아 가는 것이 결국 더 큰 성공으로 이어진다는 확신이 있기 때문이다.

40년의 경험을 통해 나는 확신하게 되었다.

영업은 단순한 판매가 아닌, 사람과 함께 고민하고 해답을 찾아가는 진심의 여정이다.

이 여정을 묵묵히 걸어가다 보면, 어느새 고객의 마음 속에 진정한 파트너로 자리 잡은 자신을 발견하게 될 것이다.

에필로그

아직 끝나지 않은 여정

세일즈라는 길을 걸어온 지도 어느덧 수십 년이 흘렀습니다.

돌아보면 무수한 고객들과의 만남, 수많은 거래, 끊임없는 경쟁 속에서도 나를 지탱해 준 건 사람이었습니다.

고객도, 동료도, 후배도 모두 나의 인생 교과서였고, 그들과 나눈 대화 하나하나가 지금의 나를 만들었습니다.

이 책을 쓰면서 나는 다시 초심으로 돌아갔고, 잊고 지냈던 꿈과 의미라는 단어를 떠올릴 수 있었습니다.

이제 곧 은퇴를 앞두고 있지만, 나는 멈출 생각이 없습니다.

경험은 나누기 위해 존재하고, 관계는 이어져야 비로소 완성된다고 믿습니다.

새로운 비즈니스, 새로운 도전이 기다리고 있습니다.

그 길에서 또 다른 사람들과 만나고, 또 다른 이야기를 써 내려가고 싶습니다.

현장을 사랑하는 마음, 사람을 향한 관심, 의미 있는 하루를 살아가고자 하는 열망은 여전히 나를 움직이고 있습니다.

이 책이 지금 이 순간을 살아가는 누군가에게 작은 응원이 되기를 바랍니다.

그리고 또 다른 시작을 준비하는 이들에게, 늦은 시작도 충분히 아름다울 수 있음을 전하고 싶습니다.